ゼロから話せるフィリピノ語

会話中心

澤田公伸 下平英輝 著

三修社

まえがき

　日本の成田から飛行機でおよそ 4 時間ほど南下するとフィリピンの首都、マニラに到着します。古くから中国文明やイスラム社会などとの交流があったと言われるマニラは、スペインが 16 世紀にこの地を植民地にしてからは、マニラとメキシコ・アカプルコを結ぶガレオン貿易で東洋と西洋を結ぶ架け橋として活躍してきました。アジア唯一のキリスト教国でもあるフィリピンは、アジアとヨーロッパの文化が融合したメルティング・ポットとしてとてもユニークな文化を持ち、また、熱帯気候に属する 7 千以上の島からなり、その多様な自然と動植物に恵まれた観光資源豊かな国でもあるのです。

　このフィリピンの自然や文化、人々の魅力に引かれ何度も観光したり、住み着いたりする日本人もけっして少なくありません。フィリピン人の笑顔やとても陽気な気質に触れると、こちらも開放的な気持ちにさせられます。また、彼らは英語もよく知っているので、コミュニケーションを取るのが日本人にとってそんなに難しくないことも魅力の一つです。しかし、彼らの国語であるフィリピノ語を少しでも知っていると彼らとの会話がもっとはずみ、交流を深めることができるでしょう。ぜひ、この本を手にとって使えそうなフレーズから実際に使ってみてください。フィリピンのさまざまな魅力が皆さんの身近に迫ってくること、請け合いです。

　本書は、語学の教材としては、初歩と中級レベルの中間に位置する内容になっています。初歩のあいさつ程度の表現を集めた「覚えるフレーズ」から、フィリピン人が普段使っている日常会話をそのまま切り取ったようなフレーズを満載した「ダイアローグで学んでみよう」、さらに基本的な文法事項を網羅した「文法編」まで、初心者の方から中級レベルの学習者まで、目的に応じて使えるようにしています。

　執筆にあたっては、たくさんの方々のアドバイスや協力に助けていただきました。「ダイアローグで学んでみよう」をチェックしてくださったリンダ・レ・パリーニョさん、フィリピンの生活感あふれるイラストを描いてくださった鮓谷可世子さん、そして執筆の遅れがちな著者を最後まで暖かく見守ってくださいました三修社の澤井啓允さんはじめ関係者のみなさん全員に心から感謝します。

　　　　　　　　　　　　　　　　　　　　　　　　　　　著　者

もくじ

- ■本書の使い方 …………………………………………………6
- ■フィリピノ語とは ………………………………………………7
- ■アルファベット …………………………………………………9
- ■発音 ……………………………………………………………9
- ■アクセント ……………………………………………………10
- ■覚えるフレーズ ………………………………………………11

こんにちは／元気ですか？／どうもありがとうございます／すみません／どうぞ／ちょっと待って／もう食べた？／お腹が空いた／あなたの名前は何ですか？／私はケンジです／どこに住んでいますか？／もう結婚しているの？／なんてきれいなの！／乾杯・万歳／質問していいですか？／知りません／いくら？／値引きしてくれないの？／これをもらいます／結構です（やめときます）／また戻ってきてね／あなたに手紙書きます

- ■ダイアローグで学んでみよう

  - Lesson 1　ところであなたの名前は？ ………………………26
  - Lesson 2　どこで食べる？ ……………………………………30
  - Lesson 3　DJアルバロのCDありますか？ …………………34
  - Lesson 4　えっ？どういう意味？ ……………………………38
  - Lesson 5　ほんとに双子は違うわ、ねえ。…………………42
  - Lesson 6　何かやることある？ ………………………………46
  - Lesson 7　おいしいって言うならおいしいんだけど。………50
  - Lesson 8　本当に世の中狭いね。……………………………54
  - Lesson 9　テレビの調子がまたおかしいんだもの。…………58
  - Lesson 10　病気ぶり返すかもしれないよ。…………………62
  - Lesson 11　何も気づかない？ ………………………………66

Lesson 12	多分携帯の電源オフなのよ。	70
Lesson 13	ボーイフレンドを蛙にしてるんだよ、彼女。	74
Lesson 14	どうにかなっちゃったのかと思ったよ。	78
Lesson 15	ここまでジプニーで来るつもりだったんだけど。	82
Lesson 16	～とは知らなかった。	86
Lesson 17	涼んでるだけ。	90
Lesson 18	ちょっと教えて。	94
Lesson 19	待たせちゃってごめん。	98
Lesson 20	ほんとにありがとう。	102

■文法編

語順について	108	主語(主題)(ANG形)	108
所有表現(NG形)	109	方向・場所(SA形)	110
前接語と語順	112	リンカーの働き	115
名詞を作る接辞	118	形容詞を作る接辞	119
形容詞の比較級、最上級	121	形容詞の強意表現と感嘆文	121
存在、所有、位置を表す	122	動詞を作る接辞と焦点	123
-UM-動詞(行為者焦点動詞)	125	MAG-動詞(行為者焦点動詞)	127

MA-動詞、MANG-動詞(行為者焦点動詞) …………………………131
対象焦点動詞、方向焦点動詞(I-動詞、-IN動詞、-AN動詞) …………133
その他の接辞を取る動詞 …136　数字の言い方 …………………138

■ヴィジュアル フィリピノ語 …………………………………141

■INDEX …………………………………………………………150

本書の使い方

　本書は「覚えるフレーズ」「ダイアローグで学んでみよう」「文法編」「ヴィジュアル フィリピノ語」の4つのコーナーで構成されています。

I　覚えるフレーズ
　日常よく使われる基本表現ときまり文句ばかりです。まずはこれらを覚えて実際に使ってみてください。フィリピノ語を話す楽しさを実感できるでしょう。

II　ダイアローグで学んでみよう
　20のダイアローグから構成されています。各ダイアローグでは、短い会話とそこで使われている表現についての説明が前半の2ページでまとめられており、後半の2ページではいろいろな表現を学ぶことができます。またみなさんに会話の雰囲気を感じていただけるよう日本語訳では男性言葉と女性言葉を書き分けています。しかしここで用いられているフィリピノ語は性別に関係なく使える会話表現ばかりですので、「覚えるフレーズ」と同様どんどん使ってみましょう。

III　文法編
　フィリピノ語を身に付ける上で必要不可欠な文法事項をわかりやすくまとめてあります。

IV　ヴィジュアル フィリピノ語
　フィリピンで日常よく目にするものをイラスト付きで紹介しています。日本にないものもいっぱいありますが、意味を理解をする上でイラストが大きな助けになるでしょう。

V　インデックス
　巻末では本書に出てきた語彙をアルファベット順にINDEXとしてまとめてあり、簡単な意味と使われたページ数が書いてあります。

フィリピノ語とは

　フィリピノ語（Filipino）という言語を指す言い方はまだ新しい名称です。フィリピン共和国（Republic of the Philippines）で1987年に成立した憲法で初めて「国語」を言い表すのに正式に用いられたばかりだからです。フィリピノ語とは、実質的には、マニラ首都圏を中心として話されている地方語の一つであるタガログ語（Tagalog）を基にした言葉です。
　そもそもルソン島やミンダナオ島、セブ島を含む7,100以上の島からなる島嶼国家フィリピンには、タガログ語やセブアノ語、イロカノ語やビコール語などの8大言語を含む100近い言語集団があると言われています。いずれも、オーストロネシア・インドネシア語族に属する言語集団ですが、そのうち、今の行政区分で言うと、ルソン島中部にあるマニラ首都圏を中心として、北はヌエバエシハ州からブラカン州、南はバタンガス州からミンドロ島、東はケソン州などにかけての地域で使われていた地方語がタガログ語です。スペイン統治（1565-1898）や米国による統治（1901-1946）が、その政治的中心地をマニラに置いたことがきっかけで、1935年のケソン大統領率いる独立準備政府（コモンウェルス）発足以降、タガログ語が公用語としての役割を担っていくことになりました。その後、公用語は、他の地方言語を話す国民への配慮もあってか「タガログ語」から「ピリピノ語」（Pilipino）へ、そして「フィリピノ語」へと呼び方が変わってきたのです。
　フィリピノ語の特徴としては、まず、アルファベットを使っていることが挙げられます。スペインが持ち込んだものですが、このアルファベットのおかげで日本人のような外国人にも抵抗なく読めるようになっているのです。発音もローマ字読みでほとんど問題ありません。
　また、かつての宗主国の言語、つまりスペイン語と英語の影響を強く受けていることも重要な特徴でしょう。文法的にはタガログ語の文法がそのまま踏襲されているのですが、単語レベルでスペイン語や英語の単語がかなり入っているのです。たとえば「お元気ですか？」というあいさつの表現はKumusta? [クムスタ] と言いますが、これはスペイン語の ¿Como esta? [コモ エスタ] からきています。また、身のまわりを見ても、mesa [メーサ]「机」やsilya [スィーリァ]「椅子」、kotse [コーチェ]「車」やkalsada [カルサーダ]「道」、普段食事時に使う tinidor [ティニドール]「フォーク」や kutsara [クチャーラ]「スプーン」などと、いずれもスペイン語が現在も使われています。また、値段や時間などを言う時に使う数字も、英語やタガログ語の数字以外に

singko [スィンコ]「5」や otso [オーチョ]「8」などスペイン語起源の数字が使われているのです。

　フィリピンで今も公用語の一つとなっている英語もかなりフィリピノ語に取り入れられています。交通機関の「バス」や「タクシー」は bus [ブス], taksi [タクスィー]、「ショッピングモール」や「レストラン」なども mall [モール]や restawran [レスタウラン] などと英語をタガログ語風の発音に変えて使っています。洋服なども「ジャケット」や「ポロシャツ」を jacket [ジャケット]や polo [ポーロ] と言うなどほとんどそのまま使っています。数字も英語を使うほうが実際には多いでしょう。このように欧米系の単語がかなり入っている言葉ですから、日本のみなさんが勉強する際にも取り組みやすい言葉だと思います。

　さらに、フィリピノ語の柔軟さを特徴の一つとして挙げなければなりません。確かに、文法的には、語根（単語の最小単位）に付けてさまざまな品詞を派生させる接辞の多さや、「述語＋主語」と主語の部分が通常、文の最後に置かれるという語順の特殊性、また単語と単語、句と句を結ぶリンカーの存在や、動詞の焦点や相など、いくつかマスターしなければならない複雑なルールがあります。しかし、実際の会話では、接辞を省略することが多く、また語順もシチュエーションによってよくひっくり返ります。動詞の焦点や相も基本的な部分を押さえれば、実際の会話では、複雑な活用や接辞を使わないで語根だけで通じるなど、結構、簡単に言えてしまうことが多いのです。さらに英語のフレーズをそのままフィリピノ語に入れることも頻繁に起こります。たとえば、「おはようございます」も Good morning po. [グッド　モーニン　ポッ] と英語のあいさつの表現の最後に尊敬を表す小詞 po を入れるだけで使ったりしています。

　このように、フィリピノ語はスペイン語や英語（ときには日本語）などの外国語、またフィリピンの他の地方語なども大幅に取り入れることができる包容力を持った言語です。現在約800万人のフィリピン人が出稼ぎ労働者として世界中で働いていると言われていますが、彼らのバイタリティと順応性で外国に定住する人も多いようです。今後、ますます包容力のあるフィリピノ語が世界中のフィリピン人社会から諸外国に徐々に浸透してゆくかもしれません。夢かもしれませんが、中国語のように、フィリピノ語が国際語として活躍する日が来るのかもしれません。

　では、みなさんも一緒に「フィリピノ語を勉強しましょう」
　　　Mag-aral tayo ng Filipino.
　　　マッグアーラル　ターヨ　ナン　フィリピーノ

■ アルファベット

Track 1

フィリピノ語のアルファベットは英語のアルファベット26文字にタガログ語起源のNG [エンジー] とスペイン語起源のÑ [エニェ] を加えた28文字です。アルファベットの大文字とその読み方は以下の通りです。

A	B	C	D	E	F	G	H	I	J
エイ	ビー	スィー	ディー	イー	エフ	ジー	エイチ	アイ	ジェイ

K	L	M	N	NG	Ñ	O	P	Q
ケイ	エル	エム	エン	エンジー	エニェ	オウ	ピー	キュー

R	S	T	U	V	W	X	Y	Z
アール	エス	ティー	ユー	ヴィー	ダブリュー	エクス	ワイ	ズィー

■ 発音

Track 2

フィリピノ語の発音はローマ字読みでだいたいOKです。ただし、rとlの発音の区別、またg、j、zのスペイン語風の発音、そしてタガログ語起源のngの発音などが少し注意が必要でしょう。次に注意が必要な発音をまとめてみました。

rとl

r [アール] は日本語のラ行よりも強い巻き舌で発音するのに対し、l [エル] は英語とほとんど同じように舌を上の歯の後ろに直接付け、舌の形も平たくして発音します。たとえば、下のような単語はrとlをはっきり区別して発音します。（ちなみにsiの発音はここではシではなく、スィ）

sila　彼らは　　　　　　sira　壊れている
スィラ　　　　　　　　　　スィラ

g、j、z

gは英語のgと同じ発音をするほかに、hの発音をする場合があります。同様にjも、英語読みの他に、hの発音をする場合があるので注意してください。たとえば、軍人や警察官幹部の名前に付くgeneral「将軍、大将」という単語の発音は [ヘネラル] と言う場合も多いようです。また、男性の名前で多い、Joseは [ホセ] と英語のhの発音をしますが、女性の名前で多い、Joselynは [ジョセリン] と英語のjのままの発音をします。さらに、地名のZamboanga [サンボアンガ] や人名のZobel [ソベル] などのように、zはsの発音をすることが多いのです。

ng

ngは単独では [ナン] と発音しますが、後に母音がくる場合は、nga [ガ]、

ngi [ギ] と日本語の鼻濁音の発音になります。

あいまいな母音
タガログ語の母音はもともとa，i，uの3つだけであったと言われています。それで現在でも、oとu、eとiの母音の交換がよく生じます。たとえば、「男」のlalaki [ララーキ] は lalake [ララーケ] と綴ったり、発音することもしばしば起きます。

声門閉鎖音
日本語で「あっ」と驚いた時に出る「っ」のような、声門を急に閉じて呼気を遮断したときに発せられる音を声門閉鎖音と言います。たとえば、ulan [ウラン]「雨」やmaaga [マアーガ]「早い」、batâ [バータッ]「子ども」などの単語がそうです。ここではこの声門閉鎖音の発音については、最後に現れた場合のみに母音の上に ^ (記号)を付けて、読みのところで [バータッ] などのように小さな「ッ」を入れて示しています。

子音の発音
単語の最後が子音で終わっている場合や接辞 mag- の発音などは子音のあとに母音の入らない発音をします。本書では、salamat [サラーマット]「ありがとう」やmag-aral [マッグアーラル]「勉強する」などと、「ト」や「グ」、「ル」の部分の読みが小文字になっているのは、それぞれ母音の入らない子音の発音になっていることを示しています。

■ アクセント

Track 3

　フィリピノ語のアクセントとしては、母音が長く伸ばされる長母音と、短く発音される短母音、そして声門閉鎖音の3種類の組み合わせからなりたっています。特に、最後から2番目の母音にアクセントが置かれ長母音になる場合が多いようです。たとえば、下の単語などはその例です。

　　　　bása　読むこと　　　　　　báka　牛
　　　　バーサ　　　　　　　　　　バーカ

　しかし、これらの単語は、下記の例のようにアクセントが違えば全く別の意味の単語になってしまいます。

　　　　basâ　濡れている　　　　　bakâ　おそらく（声門閉鎖音）
　　　　バサッ　　　　　　　　　　バカッ

（ただし、本書では今後、アクセント記号は付けないで表記する）

覚えるフレーズ

Magandang araw po.
マガンダン　アーラウ　ポッ

こんにちは。

フィリピンで日中に初めて会う人とあいさつする時にはこの一言から始めましょう。直訳すると「良い日ですね」の意味ですが、太陽が出ている間であればいつでも使えます。たとえば、次のようなやりとりになります。

―Magandang araw po.　　　こんにちは。
　マガンダン　アーラウ　ポッ

―Magandang araw po naman.　（こちらも）こんにちは。
　マガンダン　アーラウ　ポ　ナマン

po [ポッ] は尊敬を表す言葉で相手が明らかに目下や年下の場合は付けなくても良いでしょう。また、相手からのあいさつに答える場合、普通 naman [ナマン] を使ってあいさつを返します。

Kumusta ka？
クムスタ　カ

元気ですか？

ひさしぶりに会った知り合いや友人に対するあいさつです。相手の人が休暇をどのように過ごしたか、とか、体調が悪いと言っていたがその後どうなのか、など気になる様子を尋ねることができます。近況を報告し合うことが好きなフィリピンの人たちがよく使う言葉ですね。もし、こう聞かれたら、とりあえず、mabuti [マブーティ]「良いです」と答えましょう。

―Kumusta ka?　　　　元気ですか？
　クムスタ　カ

―Mabuti naman.　　　良いですよ。
　マブーティ　ナマン

Maraming salamat po.
マラーミン　サラーマット　ポッ

どうもありがとうございます。

感謝する時の表現です。もっと簡単に言うと、salamat [サラーマット] だけで十分でしょう。フィリピンでは英語もよく使われていますので、「ありがとう」もThank you [サンキュー] と言う人も多いようです。Thank you po [サンキュー　ポッ] と、英語にフィリピノ語の尊敬を表すpo [ポッ] を一緒に付けて、目上の人やお客さんに対して、感謝を表す言い方もポピュラーになっています。「ありがとう」と言われた場合には、返事は「どういたしまして」という意味のWalang anuman. [ワラン　アヌマン] で答えます。

— Maraming salamat po.　　どうもありがとうございます。
　マラーミン サラーマット ポッ

— Walang anuman.　　どういたしまして。
　ワラン　　アヌマン

Ekskyus po.
エクスキュース　ポッ

すみません。

英語のExcuse me. [エクスキューズ　ミー] を直接借りた表現で、フィリピン風に綴りが変わっているだけです。道を開けて欲しい時や、相手の言ったことが聞き取れなかった時などによく使っています。英語のsorry [ソーリ] などもフィリピン風にsori [ソーリ] と綴りが変わって「すみません」の意味でよく使われています。相手に迷惑をかけて謝りたい時などに、Sori po [ソーリ　ポッ] とていねいなpo [ポッ] でも付けて相手に伝えれば、事が問題にならなくてすむでしょう。

— Ekskyus po.　すみません。　　— Ok lang.　　大丈夫だよ。
　エクスキュース ポッ　　　　　　　オウケイ ラン

Sige.
スィーゲ

どうぞ

スペイン語起源のsige [スィーゲ] はいろんな場面で使われるとても便利な言葉です。主に①相手に飲み物や食べ物を勧める、②相手の動作をそのまま続けてもらう、③相手の言ったことに同意する時、④仲間と別れる時、などに使えるのです。この万能選手のような単語であるsigeが使いこなせるといいですね。

—Sige. Bye.　　じゃーこれで。さようなら。
　スィーゲ バーイ

—Sige.　　　　　じゃーさよなら。
　スィーゲ

Sandali lang.
サンダリ・ラン

ちょっと待って。

相手に少し待ってほしい時の言い方です。sandali [サンダリッ] という単語は、日本語の「一瞬」という意味に近く、「一瞬待って」と日本人が使うような感覚によく似ています。lang [ラン] は「ちょうど、～だけ」の意味の単語です。よく、teka [テーカ]「待って」と一緒にTeka, sandali lang.「ちょっと待って」ともよく言っています。

—Teka, sandali.　　ちょっと待って。
　テーカ サンダリッ

—Sige.　　　　　　わかったよ。
　スィーゲ

Kumain ka na?
クマーイン　カ　ナ

もう食べた？

フィリピンで最もよく聞く表現と言えば何といってもこの表現でしょう。皆と一緒に食事するのがフィリピン人の習慣なので、家でも職場でもみんなで食事する光景がよく見られます。ですから、食事時に居合わせた人にも必ず、このように聞いています。一種のあいさつのようにして使う場合も多いのですが、時には、「まだです」というと、「一緒に食べましょう」と実際に誘ってくることもあります。kumain [クマーイン] が「食べた」という動詞の完了相（行為がすでに終わっていること）で、ka [カ] は「あなたは」、na [ナ] が「もうすでに」の意味を持つ単語です。

—Kumain ka na ?　　もう食べた？
　クマーイン　カ　ナ

—Oo. Tapos na.　　うん。もう終った。
　オーオ　タポス　ナ

—Hindi . Hindi pa.　　いいや。まだだよ。
　ヒンディッ　ヒンディ　パ

＊ oo [オーオ] は「はい」と肯定を表す単語なのに対し、hindi [ヒンディッ] は「いいえ」と否定を表す単語。tapos [タポス] は「終わった」や「それから」という意味を持つ単語。pa [パ] は「まだ」という意味です。

15

Gutom na ako.
グトム　ナ　アコ

お腹が空いた。

フィリピンでは、昼食がすんでもしばらくすると「お腹が空いた」という言葉が聞こえてきます。午後3時ごろのmerienda [メリエンダ]「おやつ」は必需品なのです。gutom [グトム] は「お腹が空く」、ako [アコ] は「私は」という意味です。

——Gutom na ako.　　私、お腹が空いた。
　　グトム　ナ　アコ

——Ako rin.　　　　　俺も。(rinは「～もまた」の意味)
　　アコ　リン

Ano'ng pangalan mo?
アノン　　パガーラン　　モ

あなたの名前は何ですか？

初めて会った人に名前を尋ねる時の表現です。ano'ng [アノン] はano [アノ]「何」という疑問詞とang [アン] という主語を表す名詞などの前にくる主語マーカーがくっついたものです。pangalan [パガーラン] は「名前」という意味の名詞で、mo [モ] は「あなたの」という人称代名詞の所有形を表す単語です。このような表現で名前を聞かれたら、自分のニックネームなど相手の覚えやすい名前を紹介するのが普通のようです。一方、電話などでていねいに相手の名前を尋ねる時は、Sino po sila? [スィーノ ポ スィラ]「そちらはどなた様ですか？」がよく使われます。

——Ano'ng pangalan mo?　　あなたの名前は何ですか？
　　アノン　パガーラン　モ

——Yukiko ang pangalan ko.　　私の名前はユキコです。
　　ユキコ　アン　パガーラン　コ

Ako si Kenji.
アコ　スィ　ケンジ
私はケンジです。

やはり初めて会った相手に自己紹介する言い方です。ako [アコ]「私は」の直後にきているsi [スィ] は人の名前の前に付ける主語マーカーです。先の表現のAno'ng pangalan mo? に対する答えとしても使えます。また、第3者の名前を紹介する場合には、Siya si Hiroshi. [シャ スィ ヒロシ]「彼はヒロシです。」と言って紹介します。知人を紹介し合うのがフィリピン人たちの大切なエチケットになっていますから、皆さんもぜひこの表現を使って知人を紹介してください。

—Ako si Kenji. Siya si Hiroshi.　　私はケンジです。彼がヒロシです。
　アコ スィ ケンジ　シャ スィ ヒロシ

—Ako naman si Philip.　　私のほうはフィリップです。
　アコ　ナマン　スィ フィリップ

　Nice to meet you.　　よろしく。
　ナイス トゥ ミート ユー

Saan ka nakatira?
サアン　カ　ナカティラ

どこに住んでいますか？

相手の住んでいるところを尋ねる表現です。「どこ？」という疑問詞のsaan [サアン] を使った頻出表現としては、他に、Saan ka pupunta? [サアン　カ　ププンタ]「これからどこに行きますか？」やSaan ka galing? [サアン　カ　ガーリン]「どこに行ってきましたか？」などがあります。Saan? で聞かれたら、いずれもSa +(場所) で答えると良いでしょう。

—Saan ka nakatira?　　どこに住んでいますか？
　サアン　カ　ナカティラ

—Sa Makati.　　マカティ市です。
　サ　マカーティ

May asawa ka na?
メイ　アサーワ　カ　ナ

もう結婚しているの？

フィリピンの人たちは初めて会った人に対してもかなり踏み込んだ質問をしてくることがあります。日本人同士ではあまり聞かないことであっても彼らにとってはごく普通の質問なのです。結婚しているかどうかを尋ねることもそのひとつで、よく聞かれます。聞かれたら、あまり目くじらを立てずに普通に答えましょう。may [メイ] は「～がある」という所有を表す単語で、asawa [アサーワ] は「配偶者」という意味の単語で男女の区別がありません。

—May asawa ka na?　　もう結婚しているの？
　メイ　アサーワ　カ　ナ

—Oo. Meron.　　ええ。結婚してるよ。
　オーオ　メーロン

Ang ganda!
アン　ガンダ

なんてきれいなの！

フィリピン人は相手をほめたり、もらったプレゼントをほめるのがとても上手です。何かすてきなプレゼントをもらったりしたら、このような表現でほめてみましょう。ang +(形容詞の語根)で「なんて～なんでしょう」という感嘆文になります。よくテレビコマーシャルなどでも、フィリピン人女性が自慢する長い黒髪をほめる表現として Ang ganda ng buhok mo! [アン　ガンダ　ナン　ブホック　モ]「あなたの髪はなんてきれいなんだ」とか Ang bango! [アン　バゴ]「なんていい香りなんだ」などと連発しているのをよく耳にします。ちなみに「髪の毛」は buhok [ブホック] と言います。

— Ang ganda ng buhok mo!　　あなたの髪はなんてきれいなんだ！
　　アン　ガンダ　ナン　ブホック　モ

— Salamat.　　　　　　　　　ありがとう。
　　サラーマット

Mabuhay!
マブーハイ

乾杯・万歳

これは buhay [ブーハイ]「命、人生」という名詞の語根に MA- を付けた形の間投詞で、「乾杯！」や「万歳！」という意味でよく使われます。また、空港や町の境界線などで標識と一緒に「ようこそ～へ」というニュアンスで使われてもいます。さらに、mabuhay には他に、「生きる」という動詞としても使われます。

— Mabuhay ang Pilipinas!　　フィリピン、万歳！
　　マブーハイ　アン　ピリピーナス

— Mabuhay!　　　　　　　　万歳！（全員で合唱）
　　マブーハイ

> **Puwedeng magtanong?**
> プウェデン　　　マッグタノン
>
> 質問していいですか？

知らない人に道をたずねたりする時の表現です。「できる」という可能を表す puwede [プウェデ] のあとに「質問する」という動詞の magtanong [マッグタノン] がきています。puwede と動詞の間には必ずリンカー（繋辞）と呼ばれる -ng [ナン] か na [ナ] がきますので注意してください。

―Puwedeng magtanong?　　質問していいですか？
　プウェデン　　マッグタノン

―Oo. Puwede.　　　　　　ええ。いいですよ。
　オーオ　プウェデ

> **Hindi ko alam.**
> ヒンディ　コ　　アラム
>
> 知りません。

相手に自分の知らないことを聞かれた時には、このような表現ではっきり答えるといいでしょう。もし、逆に知っているのであれば、Alam ko. [アラム　コ]「知っています」と答えましょう。「知りません」という言い方には、他に、Ewan ko. [エーワン　コ] というのもありますが、かなり口語調の強い言い方ですから、目上の人や年配の人に対して使うのは避けたほうがよいでしょう。

―Saan ang city hall?　　市役所はどこですか？
　サアン　アン　シティホール

―Sori. Hindi ko alam.　　すみませんが、知りません。
　ソーリ　ヒンディ　コ　アラム

Magkano?
マッグカーノ

いくら？

物の値段や支払い金額を聞く表現。「支払い」という意味の単語、bayad [バーヤッド] を使って、Magkano ang bayad？ [マッグカーノ　アン　バーヤッド]「支払いはいくらですか？」と言ってもよいでしょう。金額の言い方は、タガログ語の数字の他に、英語やスペイン語の数字も使って答えています。

—Magkano ang bayad？　　支払いはいくら？
　マッグカーノ　アン バーヤッド

—Singkuwenta (pesos).　　50ペソです。
　スィンクウェンタ　ペーソス

Walang tawad?
ワラン　　　ターワッド

値引きしてくれないの？

フィリピンの露店や公設市場などに行くと買い手と売り手がさかんに値段の交渉をしています。スーパーなどと違って得意客やまとめ買いした客などに値引きすることも多いのです。ぜひ、皆さんも市場で買い物した時は、どんどんと値引き交渉してみましょう。

—Mahal! Walang tawad？　　値段高いわ。値引きしてくれないの？
　マハル　　ワラン　ターワッド

—Sige. Kuwarenta na lang.　　よし。じゃ40ペソにしよう。
　スィーゲ　クワレンタ　　ナ　ラン

Kukunin ko ito.
ククーニン　コ　イト

これをもらいます。

ある品物を購入したり、頂き物をもらう時などに使う言い方です。kukunin [ククーニン] は、「〜を取る、もらう」という意味の動詞の未然相（行為がまだ始まっていない）で、対象・目的語が主語として表されます。

—Matamis ba ito?　　　これは甘いですか？
　マタミス　バ　イト

—Opo. Matamis iyan.　　はい。それは甘いですよ。
　オーポッ　マタミス　ヤン

—Sige.　Kukunin ko ito.　わかりました。これをもらいます。
　スィーゲ　ククーニン　コ　イト

Huwag na lang.
フワッグ　ナ　ラン

結構です（やめときます）。

品物の購入をやめたり、相手から勧められたことを断る時などに用いられる表現。huwag [フワッグ] は「〜してはいけない」と相手の動作を制止する意味を持った単語で、よく動詞と一緒に使いますが、この表現のように「結構です」と相手の勧誘を簡単に断る場合にも使えます。

—Kukunin mo ba ito?　　これを購入するのですか？
　ククーニン　モ　バ　イト

—Hindi.　Huwag na lang.　いいえ。やめときます。
　ヒンディッ　フワッグ　ナ　ラン

Balik ka muli.
バリック　カ　ムリッ
また戻ってきてね。

買い物をした店を去るときや、知人の家を去るときに店主や家主はこのような表現で別れのあいさつをします。balik [バリック] は「戻る」という動詞の語根で、muli [ムリッ] は「再び」という意味の単語です。よくマニラ国際空港などでbalikbayan [バリックバーヤン] などと書いてあるのを目にしますが、これは「帰国者」の意味です。このような別れのあいさつを言われたら、Babalik ako. [ババリック アコ]「戻ってきます」と答えるといいでしょう。

—Balik ka muli, ha.　　　　また戻ってきてね、いい。
　バリッカ　ムリ　ハ

—Sige. Babalik ako muli.　　ええ。また戻ってきます。
　スィーゲ ババリック アコ ムリッ

Susulatan kita.
ススラータン　キタ
あなたに手紙書きます。

別れのあいさつには、上記のBalik ka muli. の他にIngat ka. [イーガット カ]「気をつけて」、また「さよなら」という意味のBabay. [バーバイ] やPaalam. [パアーラム] などが使われます。さらに、長期にわたってお互いに別れ離れになるという場合には、フィリピン人はよくこの「あなたに手紙を書きます」という言い方をして、今後も音信を送り続けるという気持ちを表現します。

—Sige. Babay. Susulatan kita.　　じゃさようなら。手紙書くよ。
　スィーゲ バーバイ　ススラータン　キタ

—Susulatan mo ako, ha.　　　　ぜひ私に手紙書いてね。
　ススラータン　モ　アコ　ハ

Mapa ng Pilipinas　フィリピン全土地図

マーパ　ナン　ピリピーナス

ダイアローグで学んでみよう

Lesson 1

ところであなたの名前は？

Ano nga pala ang pangalan mo?

Christian   Pilipino ka ba?
ピリピーノ　カ　バ

Junko   Hindi. Hindi ako Pilipino. Hapon ako.
ヒンディッ　ヒンディ　アコ　ピリピーノ　　ハポン　　アコ

Ako si Junko.
アコ　スィ　ジュンコ

Ano nga pala ang pangalan mo?
アノ　ガ　パラ　アン　パガーラン　モ

Christian   Christian.
クリスチャン

クリスチャン　君、フィリピン人？
　　　　純子　いいえ。フィリピン人じゃないわ。日本人よ。私、純子。
　　　　　　　ところであなたの名前は？
クリスチャン　クリスチャンだよ。

> **Pilipino ka ba?** 君、フィリピン人？

Pilipino「フィリピン人」。ka「君は」。ba「〜ですか」。語順は112頁参照。

> **Hindi. Hindi ako Pilipino.** いいえ。フィリピン人じゃないわ。

hindi「いいえ／〜ではありません」。ako「ぼくは」。Hindi. だけでも「いいえ」という意味は十分伝わります。答えが「はい」の時は下のように言いましょう。

 Hapon ba siya?　　　彼女は日本人？
 <small>ハポン　バ　シャ</small>

 Oo.　　　　　　　　うん。
 <small>オーオ</small>

Hapon「日本人」。siya「彼女は」。oo「はい」。

> **Ako si Junko.** 私、純子。

Ako si 〜.「私は〜です」。自己紹介する時はこのように言いましょう。17頁参照。

> **Ano nga pala ang pangalan mo?**
> ところであなたの名前は？

Ano ang 〜?「〜は何？」pangalan「名前」。mo「あなたの」。nga pala「ところで」は文の2番目にきます。115頁参照。

 Saan ka nga pala nakatira?　　ところで君、どこに住んでるの？
 <small>サアン　カ　ガ　パラ　ナカティラ</small>

saan「どこ」。nakatira「住んでいる」。

「ところで」を文の最初に置きたい時はsiyanga palaを使いましょう。

 Siyanga pala, saan ka nakatira?
 <small>シャガ　　パラ　サアン　カ　ナカティラ</small>

27

いろいろな表現 & この課のポイント

> **Tawagin mo na lang akong Jiro.**　　ジローと呼んでね。
> タワーギン　モ　ナ　ラン　アコン　ジロー

　とりあえず文法のことは気にせずJiroを自分のニックネームに置き換えて実際に使ってみましょう。tawagin「呼ぶ」(対象焦点動詞…今後は〔対〕と省略して表記します。その他の焦点動詞の省略表記については次頁を参照してください) また文の構造は75頁参照。na lang「〜とでも」。

> **Ano'ng masasabi mo sa Pilipinas?**　　フィリピンについてどう思う？
> アノン　ママサービ　モ　サ ピリピーナス

　Ano'ng masasabi mo sa 〜?「〜についてどう思う？」この表現は相手の意見を聞きたい時に便利です。会話ではano ang をano'ngと省略することがよくあります。

> **Gaano ka na katagal dito?**　　ここにはもうどれくらいいるの？
> ガアーノ　カ　ナ　カタガル ディート

　gaano katagal「どれくらいの期間」。na「もう」。dito「ここ」。kaとnaは文の2番目にきますので、gaanoのあとに置きます。

> **Kailan ka dumating sa Pilipinas?**　　フィリピンにいつ着いたの？
> カイラン　カ　ドゥマティン　サ ピリピーナス

　kailan「いつ」。dumating sa 〜はdumating sa 〜「〜に着く」〔行〕の完了相。Pilipinas「フィリピン」。

> **Kailan ka uuwi sa Japan?**　　日本にいつ帰るの？
> カイラン　カ　ウウウィ サ ジャパン

　uuwi sa 〜はumuwi sa 〜「〜に帰る」〔行〕の未然相。Hapon「日本」と

同様、英語のJapanもよく使われます。

> **Saan ang probinsya mo?** 田舎はどこ？
> サアン アン プロビンシャ モ

probinsya mo「君の田舎」。

> **Ilang taon ka na?** 君、何歳？
> イラン タオン カ ナ

ilang taon「何歳」。na「今」のその他の使い方は113頁参照。

> **Ilan ang kapatid mo?** きょうだい何人いるの？
> イラン アン カパティッド モ

ilan「いくつ」。本人以外のきょうだいの数を聞く時は上のように言いましょう。kapatid「きょうだい」は男女どちらに対しても使えます。

> **Ilan kayong magkakapatid?** 何人きょうだい？
> イラン カヨン マッグカカパティッド

kayong magkakapatid「君たちきょうだい」。magkakapatid「きょうだい同士」については43頁参照。上の質問は本人を含めたきょうだいの数を聞く時に使います。

「ダイアローグで学んでみよう」で使われている動詞の焦点（何がANG形になるか）については下のように省略した形で書いてあります。123頁以降を参照。

行為者焦点	→	〔行〕	使役者焦点	→	〔使〕
対象焦点	→	〔対〕	被使役者焦点	→	〔被使〕
方向焦点	→	〔方〕	使役対象焦点	→	〔使対〕
話題焦点	→	〔話〕	使役方向焦点	→	〔使方〕

Lesson 2

どこで食べる？
Saan tayo kakain?

Francis   Saan tayo kakain?
サアン　ターヨ　カカーイン

Junko   Ikaw ang bahala.
イカウ　アン　バハーラッ

Francis   E, ano'ng paborito mo?
エー　アノン　パボリート　モ

Junko   Wonton noodles.
ワントン　ヌードゥルス

Francis   Tamang-tama. May Chowking dito.
ターマンターマッ　メイ　チャウキン　ディート

フランシス　どこで食べる？
　　純子　あなたにまかせるわ。
フランシス　えーと、好物は何？
　　純子　ワンタン麺。
フランシス　ちょうどよかった。ここにチャウキンがあるよ。

Saan tayo kakain?　どこで食べる？

kakain は kumain「食べる」〔行〕の未然相。tayo「（聞き手を含んだ）ぼくたち」。人称代名詞とそうでない時の語順の違いに注意しましょう。

Saan tayo pupunta?　　どこ行く？
サアン ターヨ　ププンタ

Saan pupunta ang kaibigan mo? Nagmamadali yata siya.
サアン　ププンタ アン カイビーガン モ　　ナッグママダリ　ヤータ シャ
君の友だちどこ行くの？ 急いでるみたいだけど。

pupunta は pumunta「行く」〔行〕の未然相。nagmamadali は magmadali「急ぐ」〔行〕の未完了相。yata「～みたい」。

Ikaw ang bahala.　あなたにまかせるわ。

この表現は状況によってニュアンスが変わります。86頁参照。

E, ano'ng paborito mo?　えーと、好物は何？

文頭のE「えーと」は間を置きたい時に使いましょう。paborito「好物」。

May Chowking dito.　ここにチャウキンがあるよ。

may～「～がある」。122頁参照。Chowking は中華料理のファストフードチェーン店です。

Akala ko walang magnanakaw sa Japan.
アカーラ コ　　ワラン　マッグナナーカウ サ ジャパン
日本にはてっきり泥棒はいないと思ってたよ。

akala ko～「ぼくはてっきり～だと思ってた」。walang magnanakaw「泥棒はいない」。

いろいろな表現 & この課のポイント

> Saan tayo?　　　　　　　　どこにする？
> サアン ターヨ
>
> Ikaw, saan mo gusto?　　君はどこがいい？
> イカウ サアン モ グスト

　Saan tayo? は状況次第で「どこで食べる？」「どこに行く？」などいろいろな意味になります。ikaw「君」。文頭ではkaではなくikawにしなければなりません。ここでは呼び掛けとして使われています。Saan mo gusto? も状況次第で「君はどこで食べたい？」「君はどこに行きたい？」などの意味になります。

> Ano'ng gusto mong kainin?　　何食べたい？
> アノン　グスト　モン　カイーニン
>
> Ikaw, ano'ng gusto mo?　　君は何がいい？
> イカウ　アノン　グスト　モ

　Ano'ng gusto mong ～?「何を～したい？」kainin「食べる」〔対〕。kainin を inumin「飲む」〔対〕にすると下のようになります。

> 　Ano'ng gusto mong inumin?　　何飲みたい？
> 　アノン　グスト　モン　イヌミン

> Gusto kong kumain sa Jollibee.　　ジョリビーで食べたいな。
> グスト　コン　クマーイン　サ　ジャリビー

　Gusto kong ～「ぼくは～したい」。59頁と117頁参照。kumain sa ～「～で食べる」〔行〕。

> Gusto kong kumain ng fried chicken.　　フライドチキン食べたいな。
> グスト　コン　クマーイン　ナン　フライド　チキン

　kumain ng ～「～を食べる」〔行〕。

> Gusto mo bang uminom ng mineral water?
> グスト　モ　バン　　ウミノム　ナン　ミネラル　ウォーター
> ミネラルウォーター飲みたい？

Gusto mo bang ～?「君～したい？」uminom ng ～「～を飲む」〔行〕。

> Ililibre kita.　　　　　おごってあげるよ。
> イリリブレ キタ
>
> Ililibre mo ba ako?　　おごってくれるの？
> イリリブレ モ　バ　アコ

ililibre は ilibre「おごる」の未然相。「おごるひと」がNG形で、「おごってもらうひと」がANG形です。kita「私（NG形）＋あなた（ANG形）」。111頁参照。

> Treat ko ito.　　　　　これはおごりだよ。
> トリート コ　イト

treat「おごり」。ko「ぼくの」。ito「これは」。

■ フィリピン人の好きなファストフード

　ジョリビー（Jollibee）はフィリピンで一番人気のあるファストフードレストランです。米国のマクドナルドを抑えて国内で最大のチェーン店網を持ち、香港や米カリフォルニアなどにも進出しています。人気の秘密はフィリピン人好みの甘くクリーミーな味付けとご飯類などもそろえたメニューの豊富さにあります。売れ筋の「チキンジョイ」（Chickenjoy）は鶏肉の唐揚げとご飯のセットですが、普段からおいしいフィリピンの鶏肉がカラッと揚がって熱々で出てきます。子どもたちもこれが大好きで、Mag-Jollibee tayo.「ジョリビーで食事しよう」とよく親に催促するのを目にします。

Lesson 3

DJアルバロのCDありますか？
Meron ba kayong CD ni DJ Alvaro?

Junko　Meron ba kayong CD ni DJ Alvaro?
　　　　メーロン　バ　カヨン　スィーディー　ニディージェイ アルヴァーロ

Saleslady　Opo. Eto po.
　　　　　オーポッ　エートポッ

Junko　Salamat. Sige, kukunin ko ito.
　　　　サラーマット　スィーゲ　ククーニン　コ　イト

Saleslady　Bakit nga pala kayo magaling mag-Tagalog?
　　　　　バーキット　ガ　パラ　カヨ　マガリン　マッグタガーログ

Junko　Nag-aral kasi ako sa Japan, e.
　　　　ナッグアーラル　カスィ　アコ　サ　ジャパン　エ

純子　DJアルバロのCDありますか？
店員　はい。どうぞ。
純子　ありがとう。じゃあ、これもらうわ。
店員　ところでどうしてタガログ語上手なんですか。
純子　日本で勉強したの。

Meron ba kayong CD ni DJ Alvaro?
DJアルバロのCDありますか？

　Meron ba kayong～？「～はありますか？」お店で物を探している時はこのように所有表現を使って質問しましょう。122頁参照。

Opo. Eto po.　　はい。どうぞ。

　敬意を表す時はopoを使いましょう。eto「どうぞ」は何かを手渡したりする時の表現として便利です。

Sige, kukunin ko ito.　　じゃあ、これもらうわ。

　22頁参照。

Bakit nga pala kayo magaling mag-Tagalog?
ところでどうしてタガログ語上手なんですか。

　「フィリピノ語とは」で触れられている通りフィリピンの国語はFilipinoです。しかし一般にはTagalogという呼び方もよく使われます。
　相手が1人でも敬意を表す時は複数形のkayoを使います。bakit「なぜ」。magaling「上手な」。mag-Tagalog「タガログ語を話す」〔行〕。
　形容詞と動詞をつなぐためにはリンカーが必要で、これは動詞の直前に位置します。しかし動詞の前の単語が上のように子音で終わるとリンカーは省略されます。リンカーについては115頁以降を参照。

Nag-aral kasi ako sa Japan, e.　　日本で勉強したの。

nag-aralはmag-aral「勉強する」〔行〕の完了相。mag-aral ng～「～を勉強する」。kasi「なぜなら」は接続詞ですが、会話ではbaやpoなどのように2番目にくることがよくあります。文末にあるeもここではkasiと同じ「なぜなら」という意味です。

いろいろな表現 & この課のポイント

> **Mahal naman.** 高いなあ。
> マハル　ナマン

mahal「値段が高い」。不満のニュアンスを出したい時はnamanを加えましょう。

> **Tumitingin lang ako.** ちょっと見てるだけです。
> トゥミティギン　ラン　アコ

tumitinginはtumingin「見る」〔行〕の未完了相。lang「だけ」。

> **Patingin.** 見せて。
> パティギン

patinginはtinginに接辞のpa-が付いたものです。pa- + -um-動詞の語根で「〜させてください」という意味になります。

　Pahiram.　貸して。
　パヒラム

　Pahingi.　ちょうだい。
　パヒギッ

> **May hinahanap lang ako.** ちょっと探し物をしてるだけです。
> メイ　ヒナハーナップ　ラン　アコ

may hinahanap「探しているものがある」。hinahanapはhanapin「探す」〔対〕の未完了相。文の構造については67頁参照。

> **Meron ba kayong mas malaki?** もっと大きいのあります？
> メーロン　バ　カヨン　マス　マラキ

mas malaki「もっと大きい」。121頁参照。malaki「大きい」をmura「安い」、maganda「いい」などに入れ替えて使ってみましょう。

> Salamat na lang.　　　ありがとう、でもやめときます。
> サラーマットナ ラン

勧められたものを断る時の表現です。22頁参照。

> Gusto kong bumili ng diksyunaryo.　辞書を買いたいんです。
> グスト コン ブミリ ナン ディクシュナーリョ

bumili ng〜「〜を買う」〔行〕。diksyunaryo「辞書」。

> Saan kaya ako makakabili ng sigarilyo?
> サアン カヤ アコ　マカカビリ ナン スィガリーリョ
> タバコはどこで買えますか？

kaya「〜かな」。makakabiliはmakabili「買える」〔行〕の未然相。makakabiliはbumiliの可能の形です。99頁参照。sigarilyo「タバコ」。

> Bagay ba sa akin ito?　これぼくに合ってます？
> バーガイ バ サ アーキン イト
>
> Bagay sa'yo iyan.　　それ君に似合ってるよ。
> バーガイ サヨ イヤン

bagay sa〜「〜に似合っている」。sa'yoはsa iyoの省略です。

> Meron na ako niyan.　それもう持ってます。
> メーロン ナ アコ ニヤン

niyanは「それ」のNG形です。

Lesson 4

えっ？どういう意味？
Ha? Ano'ng ibig sabihin?

—Sa loob ng bus papuntang Baguio.—

Francis   Nangangawit ang puwit ko.

Junko   Ha? Ano'ng ibig sabihin?

Francis   Ang ibig sabihin, masakit ang puwit ko.

——バギオ行きのバスの中で——
フランシス　お尻がしびれるなあ。
　　　純子　えっ？どういう意味？
フランシス　お尻が痛い、って意味だよ。

Sa loob ng bus papuntang Baguio.
バギオ行きのバスの中で。

sa loob ng ～「～の中で」。bus「バス」。papuntang Baguio「バギオ行きの」。ルソン島北部にあるバギオは避暑地として有名です。

Nangangawit ang puwit ko.　お尻がしびれるなあ。

nangangawit は mangawit「同じ姿勢をしていてしびれる」〔行〕の未完了相。同じ意味で mangalay という単語もあります。puwit「お尻」。

Masama ang lagay ng pagkatulog ko. Nangawit tuloy ang leeg ko.
マサマ　アン　ラガイ　ナン　パッグカトゥーロッグ　コ　ナガーウィット　トゥロイ　アン　レエッグ　コ
寝相が悪かったから、そのせいで寝違えちゃったよ。

masama「悪い」。lagay ng pagkatulog ko「ぼくの寝相」。leeg「首」。tuloy「結果として～になる」。

Ha? Ano'ng ibig sabihin?　えっ？　どういう意味？

相手の言っていることがわからなかったり驚いた時は Ha?「えっ？」や Ano?「何？」という表現が便利です。しかしあまり親しくない人には Po? や Ano po? を使いましょう。Ano'ng ibig sabihin? はきまり文句です。

Ang ibig sabihin, masakit ang puwit ko.
お尻が痛い、って意味だよ。

Ang ibig sabihin,～「～って意味だよ」は「つまり～」と訳すこともできます。masakit「痛い」。119頁参照。sakit「痛み／病気」。

Masakit ang lalamunan ko.　のどが痛いなあ。
マサキット　アン　ララムーナン　コ

39

いろいろな表現 & この課のポイント

Nasaan ka ngayon?　　今どこにいるの？
ナサアン　カ　ガヨン

Paalis na ako.　　もう出かけるところだよ。
パアリス　ナ　アコ

Papunta na ako riyan.　　そっちに向かってるところ。
パプンタ　ナ　アコ　リヤン

Pauwi na ako.　　帰る途中だよ。
パウウィ　ナ　アコ

　nasaan「どこにいるの」。123頁参照。ngayon「今」。paalis「出かけるところ」。papunta「向かっているところ」。pauwi「帰るところ／帰る途中」。pa- ＋移動に関係する動詞の語根で上のような表現をすることができます。

Ingat ka pauwi.　　帰り気をつけてね。
イーガット　カ　パウウィッ

　ingatはmag-ingat「気をつける」〔行〕の語根です。会話では「〜して」や「〜しよう」と言う時、接辞を省略して語根をそのまま使うことがよくあります。23頁参照。

　Kain tayo.　　食べようよ。
　カーイン　ターヨ

Huwag kang magmaneho pauwi. Kasi nakainom ka.
フワッグ　カン　マッグマネーホ　パウウィッ　カスィ　ナカイノム　カ
帰り運転しないようにね。飲んだんだから。

Baka may mangyari sa'yo.
バカ　メイ　マンヤーリ　サヨ
何かあったら困るでしょ。

　Huwag kang〜「〜するな」。117頁参照。magmaneho「運転する」〔行〕。

magmaneho pauwi「運転して帰る」。nakainom は makainom「(お酒を)飲む」〔行〕の完了相。baka「～かもしれない」。mangyari「起こる」〔行〕。78頁参照。Baka may mangyari sa'yo. 文字通りの意味は「君の身に何か起こるかもしれませんよ」。

> Uminom siya ng tubig nang pakonti-konti.
> ウミノム シャ ナン トゥービッグ ナン パコンティコンティッ
> 彼女は水を少しずつ飲んだんだ。

tubig「水」。nang は副詞に付けるリンカーです。pakonti-konti「少しずつ」。konti「少し」。

> Alam ko ang pasikut-sikot sa Robinsons.
> アラム コ アン パシークットシーコットサ ロビンソンズ
> ぼく、ロビンソンズの隅々まで知ってるよ。

alam ko ang～「～を知っている」。pasikut-sikot「曲がりくねった」。Robinsons はマニラ市エルミタ地区などにあるショッピングモールです。

> Pasikut-sikot ang kalyeng ito.　この道、曲がりくねってるよ。
> パシークットシーコットアン カーリェン イト

kalye「道」の後ろについている -ng は、kalye と ito をつなぐためのリンカーです。116頁参照。

---

saan　どこ

Sa 'taas ang C.R. [サ タアス アン スィーアール]　　トイレは上の階だよ。
Saan ang C.R.? [サアン アン スィーアール]　　トイレはどこ？
　疑問詞 saan は普段文頭にきます。sa 'taas と置き換えましょう。
Pupunta ako sa Iloilo. [ププンタ アコ サ イロイーロ]　イロイロへ行ってくるよ。
Saan ka pupunta? [サアン カ ププンタ]　　　　　どこ行くの？
　sa Iloilo を saan に置き換え文頭に移動させましょう。

Lesson 5

ほんとに双子は違うわ、ねえ。

Iba talaga ang magkakambal, ano?

Junko   Magkamukha sina Lorrea at Lorrinda.

Iba talaga ang magkakambal, ano?

Francis   Seryoso ka ba? O nagbibiro ka lang?

Junko   Joke lang. Pero alam mo, napakaganda ng teleseryeng ito.

純子　ロレアとロリンダ、顔そっくり。ほんとに双子は違うわ、ねえ。
フランシス　本気かい？　それともただの冗談？
純子　冗談よ。でもあのね、この連続ドラマすごくいいわ。

Magkamukha sina Lorrea at Lorrinda.
ロレアとロリンダ、顔そっくり。

magkamukha「お互いそっくり」は、kamukha「そっくり」に「〜同士」という名詞をつくる接辞mag-を付けたものです。at「そして」。

 Kaibigan mo ako, di ba? ぼく、君の友だちだよね。
 カイビーガン　モ　アコ　ディ　バ

 Magkaibigan naman tayo. ぼくたち友だちだろ。
 マッグカイビーガン　ナマン　ターヨ

kaibigan「友だち」。magkaibigan「友だち同士」。3人以上の時は第1音節をくり返してmagkakaibiganにします。「〜だよね」と言いたい時はdi baやanoを文の最後に付けましょう。

Iba talaga ang magkakambal, ano?
ほんとに双子は違うわ、ねえ。

Iba talaga ang〜「〜はほんとに違うよ」。magkakambal「双子同士」。

Seryoso ka ba? O nagbibiro ka lang?
本気かい？　それともただの冗談？

seryoso「本気／まじめ」。o「あるいは」。nagbibiroはmagbiro「冗談を言う」〔行〕の未完了相。

Pero alam mo, napakaganda ng teleseryeng ito.
でもあのね、この連続ドラマすごくいいわ。

pero「でも」。alam mo「あのね」。napakaganda「すごくよい」。121頁参照。maganda「よい」。teleserye「連続ドラマ」。

 Masarap ito. これおいしいなあ。
 マサラップ　イト

 Napakasarap nito. これすごくおいしい。
 ナーパカサラップ　ニト

いろいろな表現 & この課のポイント

> Pag may kailangan ka, tawagan mo lang ako, ha?
> パッグ メイ カイラーガン カ タワーガン モ ラン アコ ハ
> 何か必要な時はぼくに電話するんだよ、ね。

　pag〜「もし〜だったら」。may kailangan「必要なことがある」。tawagan「電話する」〔方〕。haは相手に確認などをしたい時に使います。

> Kung ako ikaw, hindi ko gagawin iyon.
> クン アコ イカウ ヒンディ コ ガガウィン イヨン
> ぼくが君ならそんなことはしないよ。

　kung〜「もし〜なら」。kung ako ikaw「もしぼくが君なら」。gagawinはgawin「する」〔対〕の未然相。

> Pumasok siya kahit masakit ang kanyang likod.
> プマーソック シャ カーヒット マサキット アン カニャン リコッド
> 背中が痛かったけど彼女、仕事に行ったんだ。

　pumasokはpumasok「仕事に行く」〔行〕の完了相。kahit〜「〜にもかかわらず」。kanyang likod「彼女の背中」。

> Pumunta siya sa Tama Zoo para makita ang koala.
> プムンタ シャ サ タマ ズー パーラ マキータ アン コアラ
> コアラを見に彼女は多摩動物公園に行ったんだ。

　pumuntaはpumunta「行く」〔行〕の完了相。para〜「〜するために」。makita「見る」〔対〕の使い方は132頁参照。

> Nagkape si Ella bago matulog.　寝る前にエラはコーヒーを飲んだんだ。
> ナッグカペ スィ エラ バーゴ マトゥーロッグ

　nagkapeはmagkape「コーヒーを飲む」〔行〕の完了相。bago〜「〜する

前に」。matulog「寝る」〔行〕。

> Nawawala ang wallet ko kaya ini-report ko sa pulis.
> ナワワラ　アン　ワレット　コ　カヤ　イニレポート　コ　サ　プリス
> 財布をなくしたんで警察に届けを出したんだ。

nawawala は mawala「なくなる」〔行〕の未完了相。kaya「だから」。ini-report は i-report「届けを出す」〔対〕の完了相。pulis「警察」。

> Pumunta ako sa dentista kasi sumakit ang ngipin ko.
> プムンタ　アコ　サ　デンティスタ　カスィ　スマキット　アン　ギーピン　コ
> 歯医者に行ったのは歯が痛くなったからなんだ。

dentista「歯医者」。kasi「なぜなら」。sumakit は sumakit「痛くなる」〔行〕の完了相。ngipin ko「ぼくの歯」。

■ フィリピン人女性が強いわけ

　フィリピンの女性は社会的に地位のある人が他の国に比べ多いようです。アキノ元大統領やアロヨ大統領という国のトップを占める女性もいますし、閣僚や政府高官、大学教授などさまざまな分野で女性が男性と対等に活躍しています。その理由としてフィリピンでは男女が比較的平等だったことが挙げられるのではないでしょうか。フィリピノ語を見ても男女の区別があまりありません。もともと「夫」や「妻」とはいわず asawa「配偶者」だけですし、兄弟姉妹はすべて kapatid だけでした。「息子」や「娘」という言葉もありません。親からの相続についても長男とは限らず、末っ子の娘などがその対象になることも多いようです。フィリピンの神話では最初の男女は竹の中から同時に飛び出したとなっています。やはり男女平等だったのでしょう。

Lesson 6

何かやることある？

May gagawin ka ba?

Francis May gagawin ka ba?
　　　　　メイ　　ガガウィン　カ　バ

Junko Wala naman. Inindyan yata ako ni Ara, e.
　　　　ワラ　　ナマン　　イニンジャン　ヤータ　アコ　ニ　アーラ　エ

Francis So libre ka ngayon, di ba? Gimik tayo.
　　　　　ソー　リブレ　カ　ガヨン　　ディ バ　ギーミック ターヨ

Junko Next time na lang.
　　　　ネクスト　タイム　ナ　ラン

Francis Sige na.
　　　　　スィーゲ ナ

Junko Sige na nga.
　　　　スィーゲ ナ　ガッ

フランシス　何かやることある？
　　　純子　別にないわよ。アラに約束すっぽかされたみたいだから。
フランシス　じゃあ今空いてる、よね。遊びに行こうよ。
　　　純子　また今度ね。
フランシス　そんなこと言わないで、行こうよ。
　　　純子　はいはい、わかったわ。

May gagawin ka ba? 何かやることある？

gagawinはgawin「する」〔対〕の未然相。may gagawin「やることがある」。gagawinをpupuntahan（puntahan「行く」〔方〕の未然相）にすると次のようになります。

 May pupuntahan ka ba?　　　どこか行く所あるの？
  [メイ　ププンタハン　カ　バ]

Wala naman. Inindyan yata ako ni Ara, e.
別にないわよ。アラに約束すっぽかされたみたいだから。

naman「別に」。inindyanはindyanin「～との約束をすっぽかす」の完了相。「約束をすっぽかされるひと」がANG形になります。yata「～みたい」。

 Huwag mo siyang indyanin, ha?
  [フワッグ　モ　シャン　インジャニン　ハ]
 彼女との約束すっぽかさないでよ、わかった？

So libre ka ngayon, di ba? Gimik tayo.
じゃあ今空いてる、よね。遊びに行こうよ。

libre「暇な」。gimikはgumimik「遊びに出かける」〔行〕の語根。

Next time na lang. また今度ね。

next time「次回」。na lang「～にでも」。

 Ano'ng gusto mo?　[アノン　グスト　モ]　　　何が欲しい？
 Kape na lang.　[カペ　ナ　ラン]　　　コーヒーにでもしとくよ。

Sige na. そんなこと言わないで、行こうよ。

気乗りしない相手を誘う時の表現です。訳は状況によって変わります。

Sige na nga. はいはい、分かったわ。

断っていた誘いなどを最終的に受ける時のきまり文句です。

いろいろな表現 & この課のポイント

Labas tayo.　　　　　　出かけようよ。
ラバス　ターヨ

Sa susunod na lang.　　今度にしとくよ。
サ ススノッド ナ ラン

labas は lumabas「出る」〔行〕の語根。

Ano'ng gagawin natin?　　何する？
アノン　　ガガウィン ナーティン

Pasyal tayo sa Robinsons.　　ロビンソンズぶらつこうよ。
パシャル ターヨ サ　ロビンソンズ

pasyal は pumasyal「ぶらつく」〔行〕の語根。

Pasensya ka na. Pagod ako, e.　　ごめんね。疲れてるんだ。
パセンシャ　カ ナ　パゴッド アコ エ

Tara. Pagbigyan mo naman ako.　　行こうよ。お願いだから、ねえ。
タラ　パッグビギャン モ　　ナマン　アコ

Sige na nga.　　　　　　　はいはい、わかったわ。
スィーゲ ナ　ガッ

Pasensya ka na.「ごめんね」。78頁参照。pagod「疲れた」。文末のeは「～だから」の他にも「悪いんだけど～」「残念ながら～」などの意味があります。Tara.「さあ、行こう」。Pagbigyan mo naman ako. は、なかなか「はい」と言ってくれない相手に対して自分の願いを催促をする時に使います。文字通りの意味は「お願い聞いてよ」。

Wala naman akong gagawin bukas.　　明日別にすることないよ。
ワラ　ナマン　　アコン　ガガウィン ブーカス

bukas「明日」。

> May lakad ka ba?　　　何か用事ある？
> メイ ラーカッド カ バ
>
> Bisi ako ngayon, e.　　今忙しいんだ。
> ビースィー アコ ガヨン エ

may lakad「用事がある」。bisi「忙しい」。

> Ano'ng gusto mong gawin? Gusto mo, manood tayo ng sine?
> アノン グスト モン ガウィン　　グスト モ マノオッド ターヨ ナン スィーネ
> 何したい？ 映画みたい？

manood ng～「～を観る」〔行〕。sine「映画」。文字通りの意味は「(私たちが)映画観るの、君はしたい？」詳しくは62頁と80頁を参照。

■曜日と月の言い方

フィリピノ語の曜日や月の言い方は、英語をそのまま使うか、下記の通りスペイン語起源の単語を使います。

曜日

日曜日	月曜日	火曜日	水曜日	木曜日	金曜日	土曜日
Linggo	Lunes	Martes	Miyerkoles	Huwebes	Biyernes	Sabado
リンゴ	ルーネス	マルテス	ミエルコレス	フウェーベス	ビエルネス	サーバド

月

1月	Enero	2月	Pebrero	3月	Marso	4月	Abril
	エネーロ		ペブレーロ		マールソ		アブリル
5月	Mayo	6月	Hunyo	7月	Hulyo	8月	Agosto
	マーヨ		フーニョ		フーリョ		アゴスト
9月	Setyembre	10月	Oktubre	11月	Nobyembre	12月	Disyembre
	セティエンブレ		オクトゥーブレ		ノビェンブレ		ディシェンブレ

Lesson 7

おいしいって言うならおいしいんだけど。
Masarap na kung masarap.

Junko   Wala yatang mais dito. Popcorn na lang.
　　　　　ワラ　ヤータン　マイス　ディート　ポップコーン　ナ　ラン

Tutal galing din sa mais.
トゥタル　ガーリン　ディン　サ　マイス

Francis   Ang gusto ko, nilagang mais at hindi popcorn.
　　　　　アン　グスト　コ　　ニラーガン　マイス　アット　ヒンディ　ポップコーン

Masarap, e.
マサラップ　エ

Junko   Masarap na kung masarap. Pero matanong nga kita.
　　　　　マサラップ　ナ　クン　マサラップ　ペーロ　マタノン　ガ　キタ

Ano ang gusto mo sa mais?
アノ　アン　グスト　モ　サ　マイス

純子　　　　ここトウモロコシないみたい。ポップコーンにしときましょ。どうせ原料は同じトウモロコシなんだから。
フランシス　ぼくが欲しいのは、ポップコーンじゃなくてゆでトウモロコシなんだ。おいしいんだもん。
純子　　　　おいしいって言うならおいしいんだけど。でもちょっと質問。トウモロコシのどこがいいの？

Popcorn na lang. Tutal galing din sa mais.
ポップコーンにしときましょ。どうせ原料は同じトウモロコシなんだから。

1番欲しいものがない時 na lang を付けると「(トウモロコシがないので) ポップコーンにでもしておきましょう」というニュアンスを出せます。tutal「どちらにしても」。galing sa ～「～からできている」。din「～も」。

Ang gusto ko, nilagang mais at hindi popcorn.
ぼくが欲しいのは、ポップコーンじゃなくてゆでトウモロコシなんだ。

Ang gusto ko,～「ぼくが希望しているのは～なんだ」。A at hindi B「BではなくてA」。nilagang mais「ゆでトウモロコシ」。

Masarap na kung masarap.
おいしいって言うならおいしいんだけど。

～ na kung ～「～って言うなら～だけど」。

Ano'ng masasabi ko sa sineng iyon? Maganda na kung maganda.
アノン　マササービ　コ　サ スィーネン イヨン　マガンダ　ナ　クン　マガンダ
あの映画ぼくがどう思うかって？ 面白いって言うなら面白いんだけど。

Matanong nga kita.　ちょっと質問。
きまり文句です。このまま覚えましょう。

Ano ang gusto mo sa mais?　トウモロコシのどこがいいの？

Ano ang gusto mo sa ～?「～の何が好き？」

Ano'ng gusto mo kay Shaina Magdayao?
アノン　グスト　モ　カイ シャイーナ マッグダヤーオ
シャイナ・マグダヤオのどこが好き？

Shaina Magdayaoは、歌手で女優Vina Moralesの妹で彼女自身も女優。

いろいろな表現 ＆ この課のポイント

■よく使う慣用句　その1

> **parang aso't pusa**　　犬猿の仲
> パーラン　アソッ プーサッ

para＋リンカー「～みたい」。aso「犬」。pusa「ネコ」。aso't は aso at の省略。文字通りの意味は「犬とネコみたい」。

> **hulog ng langit**　　天からの贈り物
> フーロッグ ナン ラーギット

hulog「落下」。langit「天国／空」。文字通りの意味は「天から落ちてきたもの」。

> **boses ipis**　　蚊の鳴くような声
> ボーセス イービス

boses「声」。ipis「ゴキブリ」。文字通りの意味は「ゴキブリの鳴き声」。

> **Sadyang mapagbiro ang tadhana.**　運命のいたずら
> サジャン　マパッグビロ　アン タッドハーナッ

sadya「本当に」。mapagbiro「冗談好きな」。tadhana「運命」。文字通りの意味は「運命は本当に冗談好き」。

> **Ang tunay na kaibigan ay malalaman sa panahon ng kagipitan.**
> アン トゥーナイ ナ カイビーガン アイ マララーマン サ　パナホン ナン カギピータン
> 本当の友だちは困った時にわかる。

tunay「本当の」。malalaman は malaman「わかる」〔対〕の未然相。sa panahon ng ～「～の時」。kagipitan「苦境」。

Huli na ang lahat.　　あとの祭
フリ　ナ　アン　ラハット

huli na「もう手後れ」。lahat「全て」。文字通りの意味は「全てはもう手後れ」。

Pag may tiyaga, may nilaga.　　石の上にも3年
パッグ　メイ　チャガッ　メイ　ニラーガッ

tiyaga「辛抱強さ」。may nilaga「茹であがったものがある」。文字通りの意味は「忍耐があれば、ものも茹であがる」。

Para akong nabunutan ng tinik.　　胸のつかえがとれた。
パーラ　アコン　ナブヌータン　ナン　ティニック

nabunutan ng～は mabunutan ng～「～が抜ける」〔方〕の完了相。tinik「とげ」。文字通りの意味は「とげが抜けたみたい」。

kailan いつ

Bukas ang alis ko.　　出発は明日なんだ。
ブーカス　アン　アリス　コ

Kailan ang alis mo?　　出発はいつ？
カイラン　アン　アリス　モ

疑問詞 kailan は普段文頭にきます。bukas「明日」と置き換えましょう。(alis「出発」)

Babalik ako rito bukas.　　明日ここに戻ってくるよ。
ババリック　アコ　リート　ブーカス

Kailan ka babalik dito?　　いつここに戻ってくるの？
カイラン　カ　ババリック　ディート

bukas を kailan に置き換え文頭に移動させましょう。(babalik は bumalik「戻る」〔行〕の未然相)

53

Lesson 8

本当に世の中狭いね。

Maliit talaga ang mundo.

Junko   Excuse me. (Sabay lingon sa likod)

Nanonood ng sine ang tao.

Puwede ba, huwag mong sipain ang aking upuan?

Ikaw pala! Ano'ng ginagawa mo rito?

Christian   Maliit talaga ang mundo.

純子 　すみません(後ろを向く) ひとが映画観てるんですから、座席蹴らないでもらえます？　なんだあなたなの！　ここで何してるの？

クリスチャン 　本当に世の中狭いね。

Excuse me. (Sabay lingon sa likod)　すみません(後ろを向く)

Excuse me.「すみません」。13頁参照。sabay「同時に」。lingon sa ～「～を向く」。likod「後ろ」。

Nanonood ng sine ang tao.　ひとが映画観てるんですから。

tao「人」。akoの代わりにang taoを使うと「ひとが～」という意味になります。

Puwede ba, huwag mong sipain ang aking upuan?
座席蹴らないでもらえます？

puwede ba,～「お願いだから～」。sipain「蹴る」〔対〕。aking upuan「私の座席」。

　Puwede ba, pabayaan mo na ako?
　プウェデ　バ　パバヤーアン　モ　ナ　アコ
　お願いだから、もうぼくのこと放っといてくれる？

pabayaan「放っておく」〔対〕。

Ikaw pala!　なんだあなたなの！

pala「なんだ～だったのか」は予想外のことに出くわした時の表現です。

　May anak na siya.　　　　彼にはもう子どもがいるんだよ。
　メイ　アナック　ナ　シャ

　May anak na pala siya.　Akala ko wala.
　メイ　アナック　ナ　パラ　シャ　アカーラ　コ　ワラッ
　なんだ彼にはもう子どもがいるんだ。てっきりいないと思ってたよ。

Maliit talaga ang mundo.　本当に世の中狭いね。

mundo「世界」。talaga「本当に」は前接語のように2番目にくることがよくあります。

いろいろな表現 & この課のポイント

■よく使う慣用句　その2

Pagputi ng uwak.　カラスが白くなったらね。
パッグプティ ナン ウワック

pagputi ng～「～が白くなったら」。uwak「カラス」。黒いカラスが白くなることはありません。つまり「絶対に起こらない／しない」という意味です。

Tulak ng bibig, kabig ng dibdib.　口では嫌いといいながら本当は好き。
トゥーラック ナン ビビッグ カービッグ ナン ディブディブ

tulak「押す」。bibig「口」。kabig「引く」。dibdib「胸」。文字通りの意味は「口で押しながら心で引き寄せる」。

Habang may buhay, may pag-asa.　生きている限り希望はある。
ハーバン メイ ブーハイ メイ パッグアーサ

habang～「～の間」。buhay「命」。pag-asa「希望」。

Walang lihim na hindi nabubunyag.　ばれない秘密はない。
ワラン リーヒム ナ ヒンディ ナブブニャッグ

lihim「秘密」。nabubunyagはmabunyag「明らかになる」〔行〕の未完了相。

Marami ka pang kakaining bigas.
マラーミ カ パン カカイーニン ビガス
君、一人前になるにはまだまだ修行が足らないよ。

marami「たくさんの」。bigas「米」。文字通りの意味は「もっとお米をいっぱい食べないとね」。

> Aanhin pa ang damo kung patay na ang kabayo?
> アアンヒン パ アン　ダモ　クン　パタイ ナ アン カバーヨ
> 馬が死んだら草は何の役にも立たない。

　aanhin「どうする」。damo「草」。patay na「もう死んでいる」。kabayo「馬」。例えば、健康を顧みず猛烈に働く友人に対して忠告する時この表現を使うことができます。この場合は「馬」が「猛烈に働く友人」、「草」が「猛烈に働いた結果手に入るお金など」に当たります。

> Malayo ang mararating mo.　君には才能があって成功するんだから。
> マラーヨ　アン　マララティン　モ

　malayo「遠い」。mararatingはmarating「到達できる」の未然相。
　文字通りの意味は「君は遠くまで到達できるよ」です。若者に対する励ましの言葉として使われます。

> Alam mo, noong bata pa siya, alam ko nang malayo ang mararating niya.
> アラム　モ　ノオン　バータ パ シャ アラム　コ　ナン　マラーヨ　アン　マララティン　ニャ
> あのね、まだあの子が小さかった時から成功するってわかってたわ。

　noong「～した時」。bata「若い／小さい／子ども」。alam ko＋リンカー「～をぼくは知っている」。86頁参照。上の文のnangはna「もう」にリンカーが付いたものです。

フィリピンでは闘鶏が盛ん。日曜日になると闘鶏場にたくさん人が集まる。

Lesson 9

テレビの調子がまたおかしいんだもの。
Nagloloko na naman ang TV, e.

Francis Gusto mo bang manood ng teleserye?
グスト モ バン マノオッド ナン テレセーリェ

Junko Oo.
オーオ

Kayla Hindi kayo puwedeng manood ng TV ngayon.
ヒンディ カヨ プウェデン マノオッド ナン ティーヴィー ガヨン

Francis Bakit hindi?
バーキット ヒンディッ

Kayla Nagloloko na naman ang TV, e.
ナッグロロコ ナ ナマン アン ティーヴィー エ

フランシス 連続ドラマ観たい？
純子 ええ。
カイラ あなたたち、今テレビ観れないわよ。
フランシス なんでだめなんだい？
カイラ テレビの調子がまたおかしいんだもの。

Gusto mo bang manood ng teleserye?　連続ドラマ観たい？

gusto/ayaw＋行為者（NG形）＋リンカー＋動詞の不定相

動詞が行為者焦点でも行為者はNG形になります。「～したくない」と言う時はayawを使いましょう。117頁参照。

　Ayaw mo bang kumain?　　　食べたくないの？
　　アーヤウ　モ　　バン　　クマーイン

　Ayoko pang umuwi.　　　　まだ帰りたくないなあ。
　　アヨーコ　　バン　ウムウィッ

ayokoはayawとkoを1つにしたものです。

Hindi kayo puwedeng manood ng TV ngayon.
あなたたち、今テレビ観れないわよ。

puwede「～できる」。117頁参照。

Bakit hindi?　なんでだめなんだい？

これは下の文を省略したものです。

　Bakit hindi kami puwedeng manood ng　TV　ngayon?
　　バーキット ヒンディ カミ　　プウェデン　マノオッド ナン ティーヴィー ガヨン
　なんでぼくたち今テレビ観れないんだい？

Nagloloko na naman ang TV, e.
テレビの調子がまたおかしいんだもの。

naglolokoはmagloko「おかしくなる」〔行〕の未完了相。na naman「また」。

　Niloko mo ako.　　　　ぼくを騙したね。
　　ニローコ　モ　アコ

nilokoはlokohin「騙す／からかう」〔対〕の完了相。maglokoとlokohinの語根は同じlokoです。接辞が変わると意味も変わることがよくあります。動詞は接辞まできちんと覚えましょう。

いろいろな表現 & この課のポイント

> Gising na ba si Chito?
> ギスィン ナ バスィ チート
> チトはもう起きた？
>
> Hindi pa. Ayaw gumising, e.
> ヒンディ パ アーヤウ グミースィン エ
> まだ。起きたがらないんだよ。
>
> Mali-late na siya. Gisingin mo siya uli.
> マリレイト ナ シャ ギスィーギン モ シャ ウリッ
> もう遅刻しちゃうよ。もう1回起こしてきて。

gising「目覚めている」。gumising「目を覚ます」〔行〕。mali-late は ma-late「遅刻する」〔行〕の未然相。gisingin「起こす」〔対〕。uli「再び」。

> Bakit ka natatakot?
> バーキット カ ナタターコット
> なんで怖がってるの？
>
> Tinakot mo kasi ako, e. 君がぼくのこと怖がらせたからだよ。
> ティナーコット モ カスィ アコ エ

natatakot は matakot「怖がる」〔行〕の未完了相。tinakot は takutin「怖がらせる」〔対〕の完了相。

> Naligo na ba si Andrei?
> ナリーゴ ナ バスィ アンドレ
> アンドレはもうシャワー浴びたの？
>
> Hindi pa. Kauuwi ko pa lang kasi.
> ヒンディ パ カウウウィ コ パ ラン カスィ
> まだだよ。ぼく、帰ってきたばかりだし。
>
> E di paliguan natin siya. じゃあ、一緒に入れてあげましょうよ。
> エ ディ パリグーアン ナーティン シャ

naligo は maligo「シャワーを浴びる」〔行〕の完了相。E di「じゃあ」。paliguan「シャワーを浴びさせる」〔対〕。Kauuwi ko pa lang.「ぼく、帰ってきたばかりなんだ」。「〜したばかり」と表現したい時は ka- ＋ 語根の第

1音節＋語根を使いましょう。行為者はNG形になります。

Kararating ko lang.　　　　着いたばかりなんだ。
カララティン　コ　ラン

> Tanggalin mo ang singsing.　　指輪外して。
> タンガリン　モ　アン　スィンスィン
>
> Ayaw matanggal, e.　　外れないんだよ。
> アーヤウ　マタンガル　エ

tanggalin「外す」〔対〕。singsing「指輪」。matanggal「外れる」〔行〕。ayaw matanggal「外れない」。

> Ayaw mag-start ng kotse ko.　ぼくの車エンジンかからないんだ。
> アーヤウ　マッグスタート　ナン　コーチェ　コ

mag-start「エンジンがかかる」〔行〕。ayaw mag-start「エンジンがかからない」。kotse「車」。

> Hindi niya pinansin si Francis. Napansin mo ba iyon?
> ヒンディ ニャ ピナンスィン スィ フランシス ナパンスィン　モ　バ　イヨン
> あいつフランシスのこと無視したんだ。気づいた？

pinansinはpansinin「注意を払う」〔対〕の完了相。hindi pansinin「無視する」。napansinはmapansin「気づく」〔対〕の完了相。

セブ地方にはギター工場がたくさんあり、お土産としても有名。

Lesson 10

病気ぶり返すかもしれないよ。

Baka mabinat ka.

Francis OK ka lang ba? Baka gusto mong nasa bahay na lang tayo.
オウケイカ ラン バ　バカ　グスト　モン　ナサ　バーハイ　ナ　ラン ターヨ

Junko Hindi. Tara.
ヒンディッ　タラ

Francis Nag-aalala kasi ako sa'yo, e. Baka mabinat ka.
ナッグアアララ　カスィ アコ　サヨ　エ　バカ　マビーナット　カ

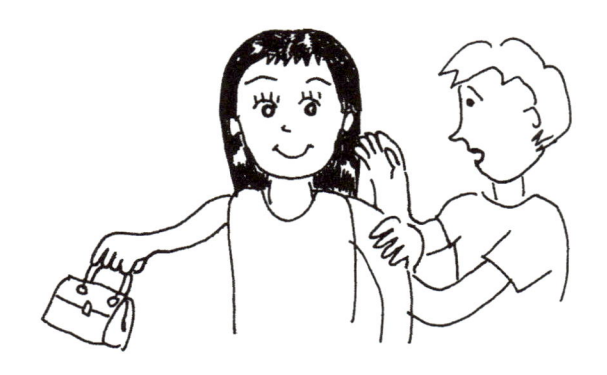

フランシス　大丈夫？ もしかして家にいたいんじゃない。
　　純子　そんなことないわ。さあ行きましょ。
フランシス　君のこと心配してるんだから。病気ぶり返すかもしれないよ。

OK ka lang ba?　大丈夫？

baをとってOK ka lang? にすることもできます。相手に元気がなさそうな時、この表現を使ってみましょう。

Baka gusto mong nasa bahay na lang tayo.
もしかして家にいたいんじゃない。

文の構造は49頁と80頁参照。nasa「～にいる／ある」。bahay「家」。

Nasa Osaka ba ang iyong mga magulang?
ナサ　オーサカ　バ　アン　イヨン　マガ　マグーラン
君の両親は大阪にいるの？

Wala sa kanya ang librong iyon.
ワラ　サ　カニャ　アン　リブロン　イヨン
あの本は彼女のところにはないよ。

magulang「親」。libro「本」。Nasa ... ang～.「～は…にいる／ある」。Wala sa ... ang～.「～は…にいない／ない」。122頁参照。

Tara.　さあ行きましょ。

Tayo na. ともいいます。

Nag-aalala kasi ako sa'yo, e.　君のこと心配してるんだから。

nag-aalala sa～ はmag-alala sa～「～のことを心配する」〔行〕の未完了相。

Huwag mo akong alalahanin.　ぼくのことは心配しないで。
フワッグ　モ　アコン　アララハーニン

alalahanin「心配する」〔対〕。

Baka mabinat ka.　病気ぶり返すかもしれないよ。

mabinat「病気がぶり返す」〔行〕。

いろいろな表現 & この課のポイント

Magaling na ako.　　もう治ったよ。
マガリン　ナ　アコ

Anong "magaling"? Pinagpapawisan ka, o.
アノン　マガリン　ピナッグパパウィーサン　カ　オ
何が「治った」だよ。汗すごくかいてるよ、ほら。

　Anong～?「何が～だよ」。pinagpapawisanはpagpawisan「汗をすごくかく」の未完了相。pawisan「汗をかく」。o「ほら」は相手の注意を引きたい時、文の最後に付けます。

Dapat magpahinga ka.　休まなきゃだめだよ。
ダーパット マッグパヒガ　カ

　dapat「～するべきです」。83頁参照。magpahinga「休憩する」〔行〕。

Baka mahawa ka sa akin.　　ぼくの病気が移るかもしれないよ。
バカ　マハーワ　カ　サ　アーキン

　mahawa sa～「～から病気が移る」〔行〕。

May sakit ka ba?　　病気なの？
メイ　サキット　カ　バ

Wala akong gana.　　食欲がないんだ。
ワラ　アコン　ガーナ

　gana「食欲」。

Medyo masakit ang ulo ko.　　ちょっと頭が痛いんだ。
メージョ　マサキット　アン　ウーロ　コ

medyo「少し」。ulo「頭」。

> **Napulikat ang binti ko.**　ふくらはぎつっちゃった。
> ナプリーカット アン ビンティ コ

napulikat は mapulikat「つる」〔行〕の完了相。binti「ふくらはぎ」。

> **Nahihilo ako.**　ふらふらするなあ。
> ナヒヒーロ　アコ

nahihilo は mahilo「めまいがする」〔行〕の未完了相。

> **Nilalagnat yata ako.**　熱あるみたい。
> ニララグナット ヤータ アコ
>
> **Inuubo ako.**　咳が出るんだ。
> イヌウボ　アコ
>
> **Giniginaw ako.**　寒気がするなあ。
> ギニギナウ　アコ

　nilalagnat は lagnatin「熱が出る」の未完了相。lagnat「熱」。inuubo は ubuhin「咳が出る」の未完了相。ubo「咳」。giniginaw は ginawin「寒気がする」の未完了相。ginaw「寒さ」。これらの-in 動詞は語根の影響を受けるひとが ANG 形になります。対象焦点の-in 動詞と違い行為者（NG 形）は存在しません。

Lesson 11

何も気づかない？

Wala ka bang napapansin?

Francis Masaya, Kanta, Mahal at Tawa raw ang pangalan
マサヤ　カンタ　マハル　アット　ターワ　ラウ　アン　パガーラン

ng mga anak ni Mayumi. Wala ka bang napapansin?
ナン　マガ　アナック　ニ　マユーミ　ワラ　カ　バン　ナパパンスィン

Junko Oo, meron. Anong akala mo sa akin?
オーオ　メーロン　アノン　アカーラ　モ　サ　アーキン

Puro galing sa salitang Tagalog ang mga iyon, di ba?
プーロ　ガーリン　サ　サリタン　タガーログ　アン　マガ　イヨン　ディ　バ

　フランシス　麻由美の子どもたちの名前、将矢、貫太、まはる、多和だって。何も気づかない？
　　　　純子　気づいてるわよ。見損なわないで。全部タガログ語から取ってきたんでしょ。

Masaya, Kanta, Mahal at Tawa raw ang pangalan ng mga anak ni Mayumi.
麻由美の子どもたちの名前、将矢、貫太、まはる、多和だって。

これらの名前は全てフィリピノ語にある単語です。masaya「楽しい」。kanta「歌」。mahal「愛している」。tawa「笑い」。mayumi「しとやかな」。dawの前の単語が母音で終わると、dはrになります。普通名詞や指示代名詞を複数形にする時はこれらの前にmgaを付けましょう。

Wala ka bang napapansin?　何も気づかない？
文の構造は所有表現と同じです。18頁、117頁、122頁参照。
may＋名詞＋ANG形
meron/wala＋ANG形の人称代名詞＋リンカー＋名詞
meron/wala＋リンカー＋名詞＋ANG形（人称代名詞以外）
本文では名詞ではなく対象焦点動詞のnapapansin「気づいている」が使われています。動詞は行為者焦点以外であることに注意しましょう。mayを使った時とそうでない時の意味の違いは下を参考にしてください。

May napansin ka ba?	何か気づいた？
Napansin mo ba iyon?	あのことに気づいた？
Meron ka bang gagawin?	何かやることあるの？
Gagawin mo ba iyon?	あれやるの？
Merong gagawin si Bea.	ベアは何かやることあるんだ。
Gagawin ni Bea iyon.	ベアはあれやるよ。

Anong akala mo sa akin?　見損なわないで。
文字通りの意味は「君、ぼくのことなんだと思ってるんだい」。

Puro galing sa salitang Tagalog ang mga iyon, di ba?
全部タガログ語から取ってきたんでしょ。

puro「〜ばかり」。galing sa「〜から由来する」。salita「言葉」。

67

いろいろな表現 & この課のポイント

Sa atin-atin lang, ha? ここだけの話だよ。
サ アーティンアーティン ラン ハ

Oo. Huwag kang mag-alala. Wala akong pagsasabihan.
オーオ フワッグ カン マッグアララ ワラ アコン パッグササビーハン
うん。心配しないで。誰にも言わないから。

Sa atin-atin lang. はきまり文句ですのでこのまま覚えましょう。pagsasabihan は pagsabihan「言う」〔方〕の未然相で、言う相手に焦点が当たります。

May naisip ako. 思いついたことがあるんだ。
メイ ナイースィップ アコ

naisip は maisip「思いつく」〔対〕の完了相で、思いつく内容に焦点が当たります。

Wala naman akong sinasabing ganyan.
ワラ ナマン アコン スィナサービン ガニャン
別にそんなふうには言ってないよ。

ganyan「そのような」。sinasabi は sabihin「言う」〔対〕の未完了相で、言う内容に焦点が当たります。sinasabi の後ろの -ng はリンカーです。

Meron sana akong sasabihin sa iyo. Pero huwag kang magagalit, ha?
メーロン サーナ アコン ササビーヒン サ イヨ ペーロ フワッグ カン マガーリット ハ
ちょっと君に言うことあるんだけど。でも怒らないでよ。

ここで使われている sana には 82 頁のような意味はありません。「言いたいことあるんだ」と言いたい時は gusto を使いましょう。

Meron sana akong gustong sabihin sa iyo.
メーロン サーナ アコン グストン サビーヒン サ イヨ

> **May itatanong sana ako sa iyo.** ちょっと質問あるんだけど。
> メイ　イタタノン　サーナ　アコ　サイヨ

　itatanong は itanong「質問する」〔対〕の未然相で、質問内容に焦点が当たります。

> **May hihilingin sana ako sa iyo.** ちょっとお願いがあるんだけど。
> メイ　　ヒヒリギン　サーナ　アコ　サイヨ

　hihilingin は hilingin「お願いする」〔対〕の未然相で、頼む内容に焦点が当たります。

> **May nakalimutan lang ako.** ちょっと忘れ物があったんだ。
> メイ　　ナカリムータン　ラン　アコ

　nakalimutan は makalimutan「忘れる」〔対〕の完了相で、忘れる内容に焦点が当たります。

kanino　誰のもの／誰に

Sa akin iyan.　　それぼくのだよ。
サ アーキン イヤン
Kanino iyan?　　それ誰の？
カニーノ イヤン
　疑問詞 kanino は普段文頭にきます。sa akin と置き換えましょう。（sa akin「ぼくのもの」。所有を表す SA 形は 111 頁参照）
Ibibigay ko iyan kay Katrina.　　それカトリーナにあげるんだ。
イビビガイ コ イヤン カイ カトリーナ
Kanino mo ibibigay iyan?　　それ誰にあげるの？
カニーノ モ イビビガイ イヤン
　kay Katrina を kanino に置き換え文頭に移動させましょう。（ibibigay は ibigay「あげる」〔対〕の未然相）

Lesson 12

多分携帯の電源オフなのよ。

Naka-off siguro ang cellphone niya.

Francis Hindi ko makontak si Yuri. May sasabihin sana
ヒンディ コ　マコンタク　スィ ユーリ　メイ　ササビーヒン　サーナ

ako sa kanya, e.
アコ サ　カニャ　エ

Junko Naka-off siguro ang cellphone niya.
ナカオフ　スィグーロ　アン　セルフォン　ニャ

Mag-text ka na lang.
マッグテクスト　カ ナ ラン

フランシス　ユリに連絡とれないよ。彼に言うことあるのに。
　　純子　多分携帯の電源オフなのよ。メールでも送っておいたら。

Hindi ko makontak si Yuri.　ユリに連絡とれないよ。

　makontak「連絡を取ることができる」。この単語はkontakin「連絡を取る」に可能や偶発などの行為を表す接辞ma-が付いたものです。ma-が付くとkontakinの接辞-inはなくなります。このma-は行為者焦点動詞以外に使われ、行為者焦点動詞の時はmaka-などを使います。99頁と136頁参照。また76頁や131頁のma-動詞と混同しないよう注意しましょう。

　　Sana mahanap natin siya.　　彼女を捜せたらいいんだけど。
　　サーナ　マハーナップ　ナーティン　シャ

　　Nasaktan ko siya. Pero hindi ko sinasadya.
　　ナサッッタン　コ　シャ　ペーロ　ヒンディコ　スィナサジャッ
　　彼を傷つけてしまったんだ。でもわざとじゃないんだよ。

　mahanap「捜すことができる」。hanapin「捜す」〔対〕。masaktan「傷つけてしまう」。saktan「（気持ち／身体を）傷つける」〔対〕。
　最初はこのようなma-に出くわすと可能なのか偶発なのか分からず迷うでしょう。しかし話の流れをつかめるようになれば間違えることもなくなりますので心配は無用です。

Naka-off siguro ang cellphone niya.
多分携帯の電源オフなのよ。

　siguro「多分」は文頭だけでなく2番目にくることがよくあります。naka-off「電源が入っていない」。naka-は状態を表す形容詞の接辞。

　　Nakaupo siya sa tabi ni Mila.　　彼女はミラの横に座ってるよ。
　　ナカウポ　シャ　サ　タビ　ニ　ミラ

　　Umupo siya sa tabi ni Mila.　　彼女はミラの横に座ったんだ。
　　ウムポ　シャ　サ　タビ　ニ　ミラ

Mag-text ka na lang.　メールでも送っておいたら。

　mag-text「携帯メールを送る」〔行〕。

いろいろな表現 & この課のポイント

Hello? Puwede ho bang makausap si Gwen?
ヘロウ　プウェデ　ホ　バン　マカウーサップ　スィ　グウェン
もしもし？グエンさんお願いします。

Speaking. Sino ito?　　　はい私です。どなたですか。
スピーキン　スィーノ　イト

Ikaw pala. Si Nikos ito.　なんだ君か。ニコスだよ。
イカウ　パラ　スィ　ニコス　イト

　Puwede ho bang makausap si ～? は電話をかける時のきまり文句です。Sino ito? 電話で相手が誰か尋ねる時はitoを使いましょう。この表現をていねいにするとSino po sila? になります。

Napatawag ka yata?　　　　　急に電話なんかどうしたの？
ナパターワッグ　カ　ヤータッ

Gusto lang sana kitang kumustahin.　どうしてるかなと思ってね。
グスト　ラン　サーナ　キタン　クムスタヒン

Hello? Hindi kita marinig. Wala akong signal dito, e.
ヘロウ　ヒンディ　キタ　マリニッグ　ワラ　アコン　スィグナル　ディート　エ
もしもし？聞こえないよ。ここ電波届かないんだ。

　予期せず電話がかかってきた時 Napatawag ka yata.という表現がよく使われます。napatawagはmapatawagの完了相。kumustahinの本来の意味は「元気かどうか尋ねる」です。marinig「聞こえる」〔対〕。signal「電波」。

Walang sumasagot sa telepono.　誰も電話に出ないんだよ。
ワラン　スマサゴット　サ　テレポノ

　sumagot sa telepono「電話に出る」〔行〕。

Bakit pinatayan mo ako ng telepono kanina?
バーキット ピナタヤン モ アコ ナン テレポノ カニーナ
さっきなんで電話切ったんだよ。

Hindi. Bigla kasing naputol ang linya.
ヒンディッ ビッグラ カスィン ナプートル アン リーニャ
違うよ。急に勝手に切れちゃったんだ。

　pinatayanはpatayanの完了相。patayan ng teleponoは電話を切られるひとに焦点が当たります。bigla＋リンカー「突然」。naputolはmaputol「切れる」〔行〕の完了相。linya「線」。maputol ang linya「電話が切れる」。

Halo-haloは「ごちゃ混ぜ」の意味。かき氷にフルーツや甘く煮た豆、アイスクリームなどを加えて、かき混ぜながら食べる。

anong oras　何時

Alas dos ang flight ko.　　　　　　　フライトは２時なんだ。
アラス ドス アン フライト コ
Anong oras ang flight mo?　　　　　　フライトは何時？
アノン オーラス アン フライト モ
　疑問詞anong orasは普段文頭にきます。alas dos「２時」と置き換えましょう。(flight ko「ぼくのフライト」)
Dumating ako rito nang mga ala una.　１時頃ここに着いたんだ。
ドゥマティン アコ リート ナン マガ アラ ウーナ
Anong oras ka dumating dito?　　　　ここに何時に着いたの？
アノン オーラス カ ドゥマティン ディート
　mga ala unaをanong orasに置き換え文頭に移動させましょう。nangは副詞に付けるリンカーです。(mga「〜頃」)

Lesson 13

ボーイフレンドを蛙にしてるんだよ、彼女。

Ginagawa niyang palaka ang boyfriend.

Junko   Seryoso ang pinag-uusapan natin.

         Bakit ka natatawa?

Francis   Nakakatawa kasi ang kanta ni DJ Alvaro, e.

         Ginagawa niyang palaka ang boyfriend.

Junko   Oo nga, ano? Pero parang narinig ko na ang

         pangalang iyon, a.

     純子   まじめな話してるのに。なんで笑ってるの？
     フランシス   DJアルバロの歌、おかしいんだもん。ボーイフレンドを蛙にしてるんだよ、彼女。
     純子   そう言えばそうよね。でもその名前どこかで聞いたことあるような気がするわ。

> **Seryoso ang pinag-uusapan natin.**　まじめな話してるのに。

　pinag-uusapan は pag-usapan「～について話し合う」〔話〕の未完了相。138頁参照。mag-usap「話し合う」〔行〕。
　　Mag-usap tayo.　　　　話し合おうよ。
　　　マッグウーサップ　ターヨ

　　Ano kaya ang pinag-aawayan nina Nikos at Gwen?
　　　アノ　カヤ　アン ピナッグアアワーヤン　ニナ　ニコス アット グウェン
　　ニコスとグエンはなんでけんかしてるのかなあ？

　pinag-aawayan は pag-awayan「～のことでけんかする」〔話〕の未完了相。mag-away「けんかする」〔行〕。

> **Bakit ka natatawa?**　なんで笑ってるの？

　natatawa は matawa「つい笑ってしまう」〔行〕の未完了相。

> **Ginagawa niyang palaka ang boyfriend.**
> ボーイフレンドを蛙にしてるんだよ、彼女。

　gawin＋行為者（NG形）＋リンカー＋A＋ang～「行為者は～をAにする」。mapagkamalan「間違える」と ituring「みなす」も構造は同じです。
　　Napagkamalan niya akong Pilipino.
　　　ナパッグカマラン　ニャ　アコン　ピリピーノ
　　ぼく、彼女にフィリピン人と間違えられちゃった。

　　Itinuturing kitang parang tunay na kapatid.
　　　イティヌトゥーリン　キタン　パーラン　トゥーナイ　ナ　カパティッド
　　君を本当のきょうだいのようにみなしてるんだよ。

> **Oo nga, ano? Parang narinig ko na ang pangalang iyon, a.**
> そう言えばそうよね。その名前どこかで聞いたことあるような気がするわ。

　Oo nga, ano? はきまり文句です。na「以前に」。文末のaは、話し手や聞き手の思っていたことと違う場面などに出くわした時に使います。

いろいろな表現 & この課のポイント

> Nakita mo ba iyon? Multo iyon.
> ナキータ モ バ イヨン　ムルト イヨン
> あれ見た？幽霊だよ。

　nakita は makita「見る」〔対〕の完了相。multo「幽霊」。会話文の marinig「聞こえる」と同様、ここでとりあげている ma-動詞は全て対象焦点です。１２課の可能や偶発を表す ma-、131頁の行為者焦点の ma-とは違いますので注意してください。

> Nakilala ko si Francis sa Citio Nuevas.
> ナキラーラ コ スィ フランシス サ シチオ ヌエーヴァス
> フランシスとはシチオ・ヌエバスで知り合ったんだ。

　nakilala は makilala「知り合う」〔対〕の完了相。

> Pasensya ka na. Hindi ko maalaala.　ごめんね。思い出せないんだ。
> パセンシャ カ ナ　ヒンディ コ マアラアーラ

　maalaala「思い出す」〔対〕。

> Natatandaan ko pa iyon.　あのことはまだ覚えてるよ。
> ナタタンダアン コ パ イヨン

　natatandaan は matandaan「覚えている」〔対〕の未完了相。ma- -an動詞については136頁参照。

> Ano'ng pinagsasasabi niya? Hindi ko siya maintindihan.
> アノン ピナッグサササビ ニャ　ヒンディ コ シャ マインティンディハン
> あいつ何訳のわからないこと言ってるんだ。理解できないよ。

　maintindihan「理解する」〔対〕。pinagsasasabi は sinasabi の意味を強めた形です。pinagsasabi と言うこともあります。普通は上のように未完了相で使いますので、このまま覚えてしまいましょう。

> Kailan mo nalaman ito? このこといつ知ったの？
> カイラン　モ　ナラーマン　イト

nalaman は malaman「知る」〔対〕の完了相。

> Nakalimutan mo na ba iyon? あのこともう忘れちゃったの？
> ナカリムータン　モ　ナ　バ　イヨン

nakalimutan は makalimutan「忘れる」〔対〕の完了相。

どこに行っても子どもたちが「プール」と呼ばれるビリヤードもどきの遊びをして楽しんでいる。ボールの代わりに丸い平たい駒を使う。

ano 何

全て Ano ang ～? の形になります。

Ano ito?　　　これ何？
アノ　イト

　ito 自体が ANG 形ですので、ito の前に ang を付ける必要はありません。

Ano ang kinain mo?　　　何食べたの？
アノ　アン　キナイン　モ

　何を食べたか聞く時は、食べた人ではなく食べた物に焦点を当てましょう。（kinain は kainin「食べる」〔対〕の完了相）

Ano ang sinabi mo?　　　何て言ったの？
アノ　アン　スィナービ　モ

　何を言ったか聞く時は、言った内容に焦点を当てましょう。（sinabi は sabihin「言う」〔対〕の完了相）

Lesson 14

どうにかなっちゃったのかと思ったよ。
Akala ko kung ano'ng nangyari sa'yo.

Francis　Saan ka galing? Akala ko kung ano'ng nangyari sa'yo.
　　　　　サアン　カ　ガーリン　アカーラ　コ　クン　アノン　ナンヤーリ　サヨ

Junko　Pasensya ka na. Pero sa totoo lang, nagkahiwalay lang tayo ng sandali, a. Napaka-o.a. mo naman.
　　　　パセンシャ　カ　ナ　ペーロ　サ　トトオ　ラン　ナッグカヒワライ　ラン　ターヨ　ナン　サンダリ　ア　ナーパカオウエイ　モ　ナマン

フランシス　どこ行ってたんだい？　どうにかなっちゃったのかと思ったよ。
　　純子　ごめんね。でもだいたい、ちょっと離ればなれになっただけじゃない。大げさなんだから。

| **Saan ka galing?**　どこ行ってたんだい？ |

galing sa～「～に行ってきた／～から来た」。50頁と66頁を参照。

| **Akala ko kung ano'ng nangyari sa'yo.**
どうにかなっちゃったのかと思ったよ。 |

akala ko～「てっきり～だと思っていた」。
　Ano'ng nangyari sa'yo?　　　どうしたの？

| **Pasensya ka na.**　ごめんね。 |

pasensya「忍耐」には次のような使い方もあります。
　Ubos na ang pasensya ko.　　　もう我慢の限界だよ。
　ウボス ナ アン パセンシャ コ

ubos「消費してなくなった」。

| **Sa totoo lang, nagkahiwalay lang tayo ng sandali, a.**
だいたい、ちょっと離ればなれになっただけじゃない。 |

sa totoo lang「実際のところ」。nagkahiwalayはmagkahiwalay「離ればなれになってしまう」〔行〕の完了相。sandali「少しの間」。
　Naghiwalay daw sila. Sayang, ano? Bagay pa naman sila sa isa't isa.
　ナッグヒワライ　ダウ　スィラ　サーヤン　アノ　バーガイ　パ　ナマン　スィラ サイサットイサ
　彼女たち別れたんだって。残念ねえ。お似合いだったのに。

naghiwalayはmaghiwalay「別れる」〔行〕の完了相。daw「～だそうです」。Sayang.「残念だなあ／もったいないなあ」。bagay sa isa't isa「お互いに合っている」。pa naman「～なのに」。

| **Napaka-o.a. mo naman.**　大げさなんだから。 |

o.a.「大げさ」はover actingを省略したものです。

いろいろな表現＆この課のポイント

> Sa tingin mo, hindi ko kayang gawin ito?
> サ ティギン モ　ヒンディ コ　カーヤン ガウィン イト
> ぼくにこれができないと思うのかい？
>
> Hindi naman sa ganoon. Gusto ko lang mag-ingat ka.
> ヒンディ ナマン サ ガノオン　グスト コ ラン マッグイガット カ
> そういう訳じゃないんだ。君に気をつけて欲しいだけだよ。

sa tingin mo,～「君の考えでは～」。sa tingin ko,～「～とぼくは思います」。

kaya「できる」。構造はgustoと同じでkaya＋行為者（NG形）＋リンカー＋動詞の不定相。行為者は動詞の焦点に関係なくNG形になります。ganoon「あのような」。Hindi naman sa ganoon. はきまり文句です。

　(1) Gusto kong gawin ito.　　　これをしたいんだ。
　(2) Gusto kong gawin mo ito.　君にこれをして欲しいんだ。

(1)も(2)も gusto ko「ぼくが望んでいる」のはリンカーより後の部分です。しかし(1)のリンカー以下がgawin ito「これをする」であるのに対し(2)のリンカー以下はgawin mo ito「君がこれをする」です。従って(2)で実際に行為を行うのはmoになります。49頁と62頁参照。

> Mabait talaga si Lorrea, ano?　ロレアは本当に親切だね。
> マバイット タラガ スィ ロレーア アノ
>
> Sinabi mo pa. Napakaresponsable pa niya.
> スィナービ モ　パ　　ナーパカレスポンサブレ　　パ ニャ
> そんなことわかりきってるじゃない。それに彼女すごく責任感強いし。

mabait「親切な」。Sinabi mo pa.「そんなわかりきったこと、わざわざ言う必要ないよ」。napakaresponsable「すごく責任感が強い」。responsable「責任感がある」。niyaの前にあるpaは「その上」という意味です。

Malakas na ang ulan. Mabuti pa, umuwi ka na.
マラカス ナ アン ウラン マブーティ パ ウムウィ カ ナ
雨強くなったし、もう帰ったほうがいいよ。

Sige. うん、わかった。
スィーゲ

malakas「強い」。ulan「雨」。mabuti pa,〜「〜したほうがいいよ」。

Ano'ng sinabi mo? なんて言ったんだい？
アノン スィナービ モ

Sabi ko, huwag kang magsabi ng ganyan.
サービ コ フワッグ カン マッグサービ ナン ガニャン
そんなふうに言っちゃだめだよ、って言ったんだ。

sabi ko,〜「〜って言ったんです」。magsabi「言う」〔行〕。

Matagal ko nang hindi nakita ang ate ni Mila.
マタガル コ ナン ヒンディ ナキータ アン アーテ ニ ミラ
ミラのお姉さんをずっと見かけなかったんだけど。

'Yun pala, nasa abroad siya. なんとまあ、彼女海外にいるんだ。
ユン パラ ナサ アブロード シャ

matagal na + リンカー「長い間」。ate「姉」。'yun pala「なんとまあ」。nasa abroad「海外にいる」。

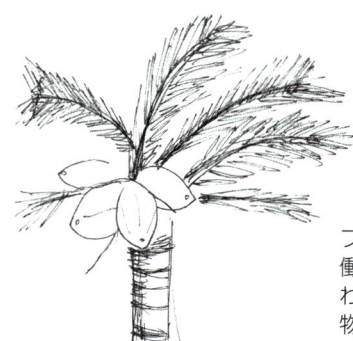

フィリピン人海外就労者は世界中で出稼ぎとして働いており、フィリピン最大の「輸出品」とも言われている。一方、フィリピン最大の輸出用農産物はココナツオイルなどのココナツ関連品目。

81

Lesson 15

ここまでジプニーで来るつもりだったんだけど。
Magdyidyip sana ako papunta rito.

Francis   Bakit ngayon ka lang? Naligaw ka, ano?
バーキット ガヨン カ ラン ナリガウ カ アノ

Junko   Ganito kasi iyon, e. Magdyidyip sana ako papunta
ガニト カスィ イヨン エ マッグジジープ サーナ アコ パプンタ

rito. Kaso nagkamali ako ng sakay.
リート カーソ ナッグカマリ アコ ナン サカイ

Francis   Dapat nagtaksi ka na lang.
ダーパット ナッグタクスィー カ ナ ラン

Junko   Tama. Sana nagtaksi ako.
ターマッ サーナ ナッグタクスィー アコ

フランシス　えらく遅かったね。迷子になっちゃったんだろ。
純子　こういうことなのよ。ここまでジプニーで来るつもりだったんだけど、乗り間違えちゃったの。
フランシス　タクシーに乗るべきだったんだよ。
純子　その通りね。タクシーに乗ってたらよかったわ。

Bakit ngayon ka lang?　えらく遅かったね。

文字通りの意味は「君、なぜ今頃？」

Naligaw ka, ano?　迷子になっちゃったんだろ。

naligawはmaligaw「道に迷う」〔行〕の完了相。

Ganito kasi iyon, e.　こういうことなのよ。

ganito「このような」。説明が長めになりそうな時の前置きです。

Magdyidyip sana ako papunta rito.
ここまでジプニーで来るつもりだったの。

　magdyidyip はmagdyip「ジプニーに乗る」〔行〕の未然相。magdyip papunta rito「ジプニーでここに来る」。動詞の未然相＋sanaで「～するつもりだった(けど結局はしなかった)」。

Kaso nagkamali ako ng sakay.
けど、乗り間違えちゃったの。

　kaso「でも(残念ながら)」。nagkamaliはmagkamali「間違える」〔行〕の完了相。magkamali ng sakay「乗り間違える」。

Dapat nagtaksi ka na lang.　タクシーに乗るべきだったんだよ。

　nagtaksiはmagtaksi「タクシーに乗る」〔行〕の完了相。
dapat＋動詞の完了相で「～するべきだった」。
dapat＋動詞の不定相で「～するべきです」。

Sana nagtaksi ako.　タクシーに乗ってたらよかったわ。

　sana＋動詞の完了相「～してたらよかったなあ」は、やらなかったことに対する後悔の意味になります。

いろいろな表現 & この課のポイント

> Bibili sana ako ng CD kahapon pero nagbago ang isip ko.
> ビビリ サーナ アコ ナン スィーディー カハーポン ペロ ナッグバーゴ アン イースィップ コ
> 昨日CD買うつもりだったんだけど気が変わったんだ。

　kahapon「昨日」。nagbagoはmagbago「変わる」〔行〕の完了相。magbago ang isip「気が変わる」。

> Hindi niya alam kung paano pumunta roon. Sinamahan ko sana siya.
> ヒンディ ニャ アラム クン パアーノ プムンタ ロオン スィナマーハン コ サーナ シャ
> Kung ganoon, hindi sana siya naligaw.
> クン ガノオン ヒンディ サーナ シャ ナリガウ
> 彼あそこへの行き方知らなかったんだ。一緒についていってあげてたらなあ。そうしてたら、迷子にならなかっただろうに。

　hindi alam kung～「～かどうか知らなかった」。86頁参照。paano「どのように」。sinamahanはsamahan「一緒について行く」〔方〕の完了相。kung ganoon「もしそうなら」。

> Sasamahan mo ba ako?　　　　一緒についてきてくれるの？
> ササマーハン モ バ アコ

> Sana makapunta ako sa Boracay.　　ボラカイに行けたらなあ。
> サーナ マカプンタ アコ サ ボラーカイ

　sana+動詞の不定相で、願望を表す「～ならいいのに」という意味になります。makapunta「行くことができる」〔行〕。可能などを表すmaka-動詞については99頁と136頁参照。

> Sana magkita tayo uli.　　再会できたらいいね。
> サーナ マッグキータ ターヨ ウリッ

　magkita「会う」〔行〕。uli「再び」。

> May gusto sana akong ipaalam sa iyo.
> メイ　グスト　サーナ　アコン　イパアラム　サ　イヨ
> 君に知らせたいことがあるんだ。

ipaalam「知らせる」〔対〕。

フィリピンの最高学府の一つ国立フィリピン大学（University of the Philippines）。大学の入口正面に立っている像は有名。

sino 誰

全て Sino ang〜? の形になります。

Sino siya?　　　　　　　　彼は誰？
スィーノ　シャ

siya 自体が ANG 形ですので、siya の前に ang を付ける必要はありません。

Sino ang kumain ng Chickenjoy ko?　誰がぼくのチキンジョイ食べたの？
スィーノ アン クマーイン ナン チキンジョイ　コ

誰が食べたか聞く時は、食べた物ではなく食べた人に焦点を当てましょう。

Sino ang magbabayad?　　　誰が払うの？
スィーノ　アン　マッグババーヤッド

誰が支払うか聞く時は、支払う人に焦点を当てましょう。（magbabayad は magbayad「支払う」〔行〕の未然相）

Sino ang babayaran mo?　　あなた誰に払うの？
スィーノ　アン　ババヤーラン　モ

誰に対して支払うか聞く時は、支払う相手に焦点を当てましょう。（babayaran は bayaran「支払う」〔方〕の未然相）

Lesson 16

〜とは知らなかった。

Hindi ko alam na 〜

Junko　Hindi ko alam na naninigarilyo ka.

Francis　At sasabihin mong makakasama ito sa katawan ko.

　　　　Matagal ko nang alam iyon, e.

　　　　Kaya lang wala akong magawa.

Junko　Sige, ikaw ang bahala. Wala akong sinabi.

純子　　あなたがタバコ吸うとは知らなかったわ。
フランシス　で、体に悪いわよ、って言うんだろ。そんなことずっと前から知ってるよ。でもどうにもできないんだ。
純子　　じゃあ、お好きなように。忘れて、何も言わなかったことにするわ。

Hindi ko alam na naninigarilyo ka.
あなたがタバコ吸うとは知らなかったわ。

hindi ko alam＋リンカー「〜とは知らなかった」。リンカー直前の単語（alam）が子音で終わっていますので、リンカーはnaを付けます。naninigarilyoはmanigarilyo「タバコを吸う」〔行〕の未完了相。

Sasabihin mong makakasama ito sa katawan ko.
体に悪いわよ、って言うんだろ。

sabihin＋リンカー「〜と言う」。リンカー直前の単語（mo）が母音で終わっていますので、リンカーはnaではなく-ngを付けます。
makasama sa〜「〜が悪くなる原因になる」。99頁参照。

Matagal ko nang alam iyon, e.
そんなことずっと前から知ってるよ。

matagal na＋リンカー「ずっと前から」。koは人称代名詞ですので2番目、つまりmatagalの後ろにきます。

Kaya lang wala akong magawa.
でもどうにもできないんだ。

kaya lang「でも（残念ながら）」。magawaはgawinに可能を表す接辞ma-の付いたものです。71頁参照。

Sige, ikaw ang bahala.　　じゃあ、お好きなように。

2課の会話と違い、ここでは「どうぞご勝手に」というニュアンスがあります。このような状況ではBahala ka.と言い換えることもできます。

Wala akong sinabi.　　忘れて、何も言わなかったことにするわ。

アドバイスなどが相手に受け入れられなかった時、それを取り消すのに使えます。

いろいろな表現 & この課のポイント

> Itanong mo kay Mirdo kung totoo iyon.
> イタノン モ カイ ミルド クン トトオ イヨン
> それが本当かどうかミルドに聞いてみたら。

　Itanong mo kung～「～かどうか質問して」〔対〕。～の部分が疑問文の時はリンカーではなく接続詞kungを使います。ここではItanong mo kay Mirdo.とTotoo ba iyon?を１つにしたものと考えればわかりやすいでしょう。

> Alam mo ba kung saan pumunta si Yuri?
> アラム モ バ クン サアン プムンタ スィ ユーリ
> ユリがどこに行ったか知ってる？

Alam mo ba kung～「～か知ってますか？」

> Pag-isipan mong mabuti kung ano ang dapat mong gawin.
> パッグイスィーパン モン マブーティ クン アノ アン ダーパット モン ガウィン
> 何をするべきかよく考えてね。

Pag-isipan mong mabuti kung～「～かよく考えて」。

> Hindi ko maalaala kung saan ko nakita si Nathanael.
> ヒンディ コ マアラアーラ クン サアン コ ナキータ スィ ナタニエル
> ナタニエルをどこで見たか思い出せないんだ。

Hindi ko maalaala kung～「～か思い出せないんだ」。

> Hindi ko inaasahang darating si Boris.
> ヒンディ コ イナアサーハン ダラティン スィ ボリス
> ボリスが来るとは予想してなかったな。

inaasahanはasahan「予期する／予想する」〔方〕の未完了相。

Hindi ko inaasahang～「～を予期してなかったよ」。～の部分が疑問文でない時はリンカーを使います。ここではHindi ko inaasahan.とDarating si Boris.を1つにしたものと考えればわかりやすいでしょう。

> Naniniwala akong walang kasalanan si Lea.
> ナニニワーラ　アコン　ワラン　カサラーナン　スィ　レア
> レアには罪がないって信じてるよ。

naniniwalaはmaniwala「信じる」〔行〕の未完了相。
Naniniwala akong～「～をぼくは信じてるよ」。kasalanan「罪」。

> Nakalimutan kong sabihin sa kanya ito.
> ナカリムータン　コン　サビーヒン　サ　カニャ　イト
> 彼女にこのこと言うの忘れちゃったんだ。

Nakalimutan kong～「～を忘れました」。

> Hindi ako magsasawang marinig sa iyo iyan.
> ヒンディ アコ　マッグササーワン　マリニッグ　サ　イヨ　イヤン
> 君がそう言うのを聞き飽きることはないよ。

magsasawaはmagsawa「飽きる」〔行〕の未然相。
Hindi ako magsasawang～「～を飽きることはないよ」。

アーニスはフィリピンの伝統棒術の一つ。ブルース・リーが映画『燃えよドラゴン』の中でこの武術を参考にしたことは有名。

Lesson 17

涼んでるだけ。

Nagpapahangin lang ako.

Francis Mukhang malalim yata ang iniisip mo, a.
ムクハン　　マラーリム　ヤータ　アン　イニイースィップ　モ　ア

Ano'ng problema natin?
アノン　　　プロブレーマ　ナーティン

Junko Wala. Nagpapahangin lang ako.
ワラッ　　ナッグパパハーギン　　ラン　アコ

Francis Kilala kita. Sigurado akong may problema ka.
キララ　キタ　　スィグラード　　アコン　メイ　　プロブレーマ　カ

Hindi ako aalis dito hangga't hindi mo sinasabi
ヒンディ　アコ　アアリス　ディート　ハンガット　ヒンディ　モ　スィナサービ

iyon.
イヨン

フランシス　何か考え込んでるみたいだね。何悩んでるの？
　　　純子　何も。涼んでるだけ。
フランシス　君のことはわかってるさ。絶対何か悩んでるって。教えてくれるまでここ動かないよ。

Mukhang malalim yata ang iniisip mo, a.
何か考え込んでるみたいだね。

mukha＋リンカー「～みたい」。malalim「深い」。iniisip は isipin「考える」〔対〕の未完了相。

　Ano'ng　iniisip　mo?　何考えてるの？
　アノン　イニイースィップ　モ

Ano'ng problema natin?　　何悩んでるの？

本来なら Ano'ng problema mo? で十分です。しかし mo を natin にすることで相手の problema「悩みごと／問題」が自分にとっても他人事ではないと知らせる効果があります。

Nagpapahangin lang ako.　　涼んでるだけ。

nagpapahangin は magpahangin「自分自身を風に当てる」の未完了相。

　Magpalamig ka muna.　　　　とりあえず冷たい飲み物でもどうぞ。
　マッグパラミッグ　カ　ムーナ

magpalamig「（冷たいものを飲んだり風に当たったりして）自分自身を冷たくする」。muna「とりあえず／まず」。

Kilala kita. Sigurado akong may problema ka.
君のことはわかってるさ。絶対何か悩んでるって。

kilala ng A ang B「A は B を知っている」。alam と違い B には普通人物がきます。sigurado akong ～「ぼくは絶対～と思うよ」。

Hindi ako aalis dito hangga't hindi mo sinasabi iyon.　　教えてくれるまでここ動かないよ。

aalis は umalis「去る／出発する」〔行〕の未然相。hindi ... hangga't hindi ～.「～するまで…しないよ」。～の部分は動詞の未完了相を使います。

いろいろな表現 & この課のポイント

> Masakit ang ulo mo? Dapat magpatingin ka sa doktor.
> マサキット アン ウーロ モ ダーパット マッグパティギン カ サ ドクトール
> 頭痛いの？医者に診てもらうべきだよ。

　magpatingin sa doktor「医者に診てもらう」。36頁のtuminginは行為者焦点ですのでANG形は「見るひと」です。一方magpatinginでは「見ることを命令／お願いするひと」がANG形になり「実際に見るひと」はSA形になります。このようなmagpa-動詞を使役者焦点動詞といいます。137頁参照。

> Gabi na nang dumating ako sa Pilipinas. Kaya nagpasundo ako kay Abel.
> ガビ ナ ナン ドゥマティン アコ サ ピリピーナス カヤ ナッグパスンド アコ カイ アベル
> 夜遅くフィリピンに着いたのでアベルに迎えに来てもらったんだ。

　gabi na「もう夜遅い」。nagpasundo sa～はmagpasundo sa～「～に迎えに来てもらう」〔使〕の完了相。sumundo「迎えに行く」〔行〕。

> Nagpahatid ako kay Mang Domeng kasi wala nang tren.
> ナッグパハティッド アコ カイ マン ドーメン カスィ ワラ ナン トレン
> 電車がもうなかったのでドメンおじさんに送ってもらったんだ。

　nagpahatid sa～はmagpahatid sa～「～に送ってもらう」〔使〕の完了相。maghatid「見送る」〔行〕。tren「電車」。

> Malapit nang maubos ang gas. Magpagasolina muna tayo.
> マラーピット ナン マウーボス アン ガス マッグパガソリーナ ムーナ ターヨ
> もうじきガソリンがなくなりそうだ。先にガソリンを入れていこうよ。

　malapit nang「もうすぐ～になる」。maubos〔行〕「消費してなくなる」。gas「ガソリン」。magpagasolina「ガソリンを入れてもらう」〔使〕。ガソリンは普通店員に入れてもらいますのでSA形は省略します。

> Magpapaturo sana ako sa iyo.　教えてもらえるかなあ。
> マッグパパトゥーロ　サーナ　アコ　サ　イヨ
>
> Kahit ano. Basta ikaw.　何でもどうぞ。君なら何でもOKだよ。
> カーヒット　アノ　バスタ　イカウ

magpapaturo sa ～は magpaturo sa ～「～に教えてもらう」〔使〕の未然相。magturo「教える」〔行〕。kahit ano「たとえ何でも」。basta「とにかく」。Basta ikaw. はきまり文句です。

> Magpapatulong sana ako sa iyo.　手伝ってもらえるかなあ。
> マッグパパトゥーロン　サーナ　アコ　サ　イヨ

magpapatulong sa ～は magpatulong sa ～「～に手伝ってもらう／助けてもらう」〔使〕の未然相。tumulong「手伝う／助ける」〔行〕。

上着はそとに出すのがファッション

　フィリピン人男性の民族衣装でバロンタガログという上着があります。化繊に絹やアバカ（マニラ麻）、パイナップルなどの繊維を混ぜた中が透けて見えるような薄い生地の服ですが、これはゆったりとすそを外に出して着ます。この伝統なのかどうか、フィリピンでは上着はよくズボンに入れないで、そとに出して着ます。日中などは特にＴシャツやポロシャツにしても、はたまたワイシャツにしてもみんなだらっと外に出して歩いています。これは暖かい気候に対処する知恵でもあるのでしょう。ポロシャツをちゃんとズボンに入れているとNaka-tuck-in pala ang polo mo.「ポロシャツを中に入れてるんだ」と少し蔑すむような目で見られるかもしれませんね。

Lesson 18

ちょっと教えて。
May 'papaturo sana ako sa'yo.

Junko　May 'papaturo sana ako sa'yo.
　　　　　メイ　パパトゥーロ　サーナ　アコ　サヨ

Francis　Ano 'yon?
　　　　　アノ　　ヨン

Junko　Ano kaya'ng ibig sabihin ng "sige"?
　　　　　アノ　カヤン　イービッグ　サビーヒン　ナン　スィーゲ

Francis　Depende.
　　　　　デペンデ

Junko　Depende saan?
　　　　　デペンデ　サアン

Francis　Mahirap i-explain, e.
　　　　　マヒーラップ　イエクスプレイン　エ

　　　純子　ちょっと教えて。
　　フランシス　何？
　　　純子　「スィーゲ」ってどういう意味かしら？
　　フランシス　ケースバイケースだね。
　　　純子　ケースバイケースって？
　　フランシス　説明するの難しいなあ。

94

May 'papaturo sana ako sa'yo.　ちょっと教えて。

'paturoはipaturoの未然相でiが省略されています。ipaturo ang ... sa〜「…を〜に教えてもらう」。ituro「教える」〔対〕と同様ipaturoも「教えてもらうこと」がANG形になります。しかしipa-動詞でNG形にくるのは「命令／お願いをするひと」で「行為を実際に行うひと」はSA形になります。このようなipa-動詞を使役対象焦点動詞といいます。

Ano 'yon?　何？

'yonはiyonの省略。文字通りの意味は「あれは何？」ですが、会話文にあるような使い方もよくされます。

Ano kaya'ng ibig sabihin ng "sige"?
「スィーゲ」ってどういう意味かしら？

Ano'ng ibig sabihin ng 〜?「〜ってどういう意味？」

Depende saan?　ケースバイケースって？

depende sa 〜「〜次第」。ここではsa〜の部分について聞いているので疑問詞saanを使います。

　Depende sa sitwasyon.　状況次第だよ。
　　デペンデ　サ　スィトゥワション

Mahirap i-explain, e.　説明するの難しいなあ。

mahirap「難しい」。i-explain「説明する」〔対〕。A（形容詞）＋リンカー＋B（動詞の不定相）で「BすることはAです」という意味になります。ここでは動詞の直前の単語が子音で終わっているためリンカーが省略されています。

　Madaling gawin iyon.　それをするのは簡単さ。
　　マダリン　ガウィン　イヨン

madali「簡単な」。

いろいろな表現 & この課のポイント

> Nawawala ang medalyon. Kinuha ni Rafael iyon.
> ナワワラ　アン　メダリョン　キヌーハ　ニ ラファエル イヨン
> メダルがなくなっちゃった。ラファエルが取ったんだ。
>
> Hindi. Ipinatago ko lang kay Ella iyon.
> ヒンディッ イピナターゴ コ ラン カイ エラ イヨン
> 違うよ。ぼくがエラにしまっておいてもらったんだ。

　kinuha は kunin「取る」〔対〕の完了相。ipinatago は ipatago の完了相。ipatago ang ... sa ～「…を～にしまっておいてもらう」〔使対〕。itago ang ...「…をしまう／隠す」〔対〕。

> 'Pinaayos ko ang aircon. Pero ayaw pa ring umandar niyon.
> ピナアーヨス コ アン エアーコン ペーロ アーヤウ パ リン ウマンダール ニヨン
> エアコンを修理してもらったんだけど、まだ動かないなあ。

　pa rin「相変わらず」。umandar「作動する」。'pinaayos は ipinaayos の略です。ipaayos ang ... sa ～「…を～に直してもらう」〔使対〕。ayusin ang ...「…を直す」〔対〕。i-動詞だけでなく -in 動詞も ipa-動詞に対応しています。

> Gusto ko lang ipaalala sa iyo na bukas ang alis ni Gwen.
> グスト　コ　ラン イパアラーラ サ イヨ ナ ブーカス アン アリス ニ　グウェン
> グエンの出発が明日ってことを忘れないでいて欲しかっただけだよ。
>
> Papaano ko makakalimutan iyon? Bestfriend ko siya.
> パパアーノ コ　　マカカリムータン イヨン ベストフレンド コ シャ
> 忘れられる訳ないじゃないか。彼女、ぼくの親友だよ。

　ipaalala ang ... sa ～「…を～に思い出させる」〔使対〕。ここでは…部分が節ですのでリンカーの na が使われています。

　Papaano ko makakalimutan iyon? 文字通りの意味は「どうすればそのことを忘れられるんですか？」

> May ipinapagawa lang ako sa kanya.
> メイ　イピナパガワ　ラン　アコ　サ　カニャ
> 彼にちょっとやってもらっていることがあるだけだよ。

　ipinapagawa は ipagawa の未完了相。ipagawa ang … sa ～「…を～にしてもらう」〔使対〕。gawin ang …「…をする」〔対〕。

> Pinatingnan ko siya sa doktor.　彼女を医者に診せたんだ。
> ピナティンナン　コ　シャ　サ　ドクトール

　pinatingnan は patingnan の完了相。patingnan ang … sa ～「…を～に診てもらう」〔使方〕。tingnan ang …「…を見る」〔方〕。-an動詞に対応する使役動詞は pa- -an です。

> Pupunta ka roon nang mag-isa. Delikado. Pasasamahan kita kay Leo.
> ププンタ　カ　ロオン　ナン　マッグイサ　デリカード　パササマーハン　キタ　カイ　レオ
> あそこにひとりで行くって。危ないよ。レオを一緒について行かせるから。

　mag-isa「ひとりで」。delikado「危険な」。pasasamahan は pasamahan の未然相。pasamahan ang … sa ～「…に～を一緒について行かせる」〔使方〕。samahan ang …「…に一緒について行く」〔方〕。

キアポ教会

Lesson 19

待たせちゃってごめん。

Sorry kung pinaghintay ko kayo.

Francis Sorry kung pinaghintay ko kayo.
ソーリ　クン　ピナッグヒンタイ　コ　カヨ

May dinaanan lang kasi ako, e.
メイ　ディナアーナン　ラン　カスィ　アコ　エ

Junko OK lang. Dahil sa na-late ka ...
オウケイ　ラン　ダーヒル　サ　ナレイト　カ

Kayla Nakapagkuwentuhan kami.
ナカパッグクウェントゥーハン　カミ

フランシス　待たせちゃってごめん。ちょっと寄るとこあったんだ。
純子　OKよ。あなたが遅れてくれたおかげで…
カイラ　私たちおしゃべりできたし。

Sorry kung pinaghintay ko kayo. 待たせちゃってごめん。

sorry kung ～「～してごめん」。pinaghintay は paghintayin の完了相。paghintayin ng ... ang ～「…が～を待たせる」。maghintay「待つ」〔行〕と同様 paghintayin は「実際に待つひと」がANG形になります。しかし pag- -in では「命令／お願いするひと」がNG形に現れるのです。このような pag- -in 動詞を被使役者焦点動詞といいます。被使役者焦点動詞には他にも -um- 動詞などに対応する pa- -in 動詞があります。

May dinaanan lang kasi ako, e. ちょっと寄るとこあったんだ。

dinaanan は daanan「寄る」〔方〕の完了相。

Dahil sa na-late ka ... あなたが遅れてくれたおかげで…

dahil (sa) ～「～の理由で」。

Nakapagkuwentuhan kami. 私たちおしゃべりできたし。

makapagkuwentuhan「雑談できる」は kuwentuhan「雑談」に可能や偶発などの行為を表す接辞 makapag- がついたものです。magkuwentuhan「雑談する」。元の動詞が -um- や ma- の時は maka- を付けます。136頁参照。

Hindi ako makatulog. 眠れないんだ。
ヒンディ アコ マカトゥーロッグ

Dahil siguro sa sobrang pagod, nakatulog si Jason.
ダーヒル スィグーロ サ ソーブラン パーゴッド ナカトゥーロッグ スィ ジェイソン
多分疲れ過ぎでジェイソンは眠ってしまったんだよ。

sobra「過度の」。pagod「疲れ」。

下のように原因を表す maka- もあります。

Makakabuti sa iyo ito. これ、君のためになるから。
マカカブーティ サ イヨ イト

makakabuti sa ～ は makabuti sa ～「～がよくなる原因になる」の未然相。

いろいろな表現 & この課のポイント

> Kung anu-ano ang ginawa ni Francis. Pinalala lang niya ang problema.
> クン アヌアノ アン ギナワ ニ フランシス ピナララ ラン ニャ アン プロブレーマ
> フランシスがいろんなことして。問題をひどくしただけじゃないか。

kung anu-ano「いろいろなこと」。pinalala は palalain の完了相。palalain ng ... ang ～「…が～を深刻にする」〔被使〕。lumala「深刻になる」〔行〕。

> Kawawa naman ang lola. Paupuin mo naman siya.
> カワーワ ナマン アン ローラ パウプイン モ ナマン シャ
>
> Marami siyang dala, o.
> マラーミ シャン ダラ オ
> おばあちゃんかわいそうよ。座らせてあげなさいよ。たくさん荷物持ってるわ、ほら。

kawawa「かわいそうな」。paupuin ng ... ang ～「…が～を座らせる」〔被使〕。umupo「座る」〔行〕。dala「荷物」。

> Gabi na kaya pinauwi ko siya.
> ガビ ナ カヤ ピナウウィ コ シャ
> 夜遅かったので彼に帰ってもらったんだ。

pinauwi は pauwiin の完了相。pauwiin ng ... ang ～「…が～を帰らせる」〔被使〕。umuwi「帰る」〔行〕。

> Napaiyak ko ang anak mo. Pero maniwala ka. Hindi ko sinasadya.
> ナパイヤック コ アン アナック モ ペーロ マニワーラ カ ヒンディ コ スィナサジャッ
> お子さん泣かせちゃった。でも信じて。わざとじゃないの。

Napaiyak は mapaiyak の完了相。mapaiyak ng ... ang ～「…が～を泣かせてしまう」。71頁参照。paiyakin ng ... ang ～「…が～を泣かせる」〔被使〕。umiyak「泣く」〔行〕。Hindi ko sinasadya. はきまり文句です。

> Huwag mo akong pag-alalahanin.　　私を心配させないでよ。
> フワッグ　モ　　アコン　パッグアララハーニン

pag-alalahanin ng ... ang 〜「…が〜を心配させる」〔被使〕。mag-alala「心配する」〔行〕。

> Pagpahingahin mo ang iyong katawan.　　体を休めなきゃ。
> パッグパヒガヒン　モ　　アン　イヨン　　カタワン

pagpahingahin ng ... ang 〜「…が〜を休憩させる」〔被使〕。magpahinga「休憩する」。iyong katawan「君の体」。

> Hindi ko alam kung paano ko papaniwalain si Yuri.
> ヒンディ　コ　アラム　クン　パアーノ　コ　パパニワラーイン　スィ　ユーリ
> どうやってユリに信じさせたらいいのか分からないよ。

papaniwalain は paniwalain の未然相。paniwalain ng ... ang 〜「…が〜を信じさせる」〔被使〕。maniwala「信じる」〔行〕。

■ フィリピンでは時間がゆっくり

　フィリピン人の時間の感覚は日本人と違い、ゆっくり流れているようです。約束の時間を30分ほど遅れて来るのはよくあることで、「渋滞していたから」(Matrapik kasi) などと理由を説明して悪びれたようすもありません。約束をすっぽかしても「家族が病気だった」などと言って終わり。お金を貸そうものなら、返済は「金持ちになってから」とでもいうようになかなか返してくれません。こんなフィリピン人の時間の感覚や約束に対する態度ですが、これも「なるようになるさ、神のみぞ知る」(bahala na) という神の摂理を中心に考える信仰に根ざしたものなのかもしれません。神の時間に比べると人間の時間なんて…

Lesson 20

ほんとにありがとう。

Maraming-maraming salamat.

Francis　Para sa'yo ito. Mula sa amin ni Kayla.
　　　　　パーラ　サヨ　イト　ムラ　サ　アーミン　ニ　カイラ

Kayla　Para hindi mo kami makalimutan.
　　　　パーラ　ヒンディ　モ　カミ　マカリムータン

　　　　Sana magustuhan mo ito.
　　　　サーナ　マグストゥハン　モ　イト

Junko　Nag-abala pa kayo. Maraming-maraming salamat.
　　　　ナッグアバラ　パ　カヨ　マラーミンマラーミン　サラーマット

フランシス　これ君に。ぼくとカイラから。
　カイラ　私たちを忘れないためにね。気に入ってくれたらいいんだけど。
　　純子　そんな、気まで使ってもらっちゃって。ほんとにありがとう。

Para sa'yo ito. Mula sa amin ni Kayla.
これ君に。ぼくとカイラから。

para sa～「～のために」。mula sa～「～から」。

amin ni Kayla「ぼくとカイラ」はSA形です。ANG形とNG形はそれぞれ下のようになります。

　kami ni Kayla
　namin ni Kayla

Para hindi mo kami makalimutan.
私たちを忘れないためにね。

para～「～するために」。ここではhindiが入っていますので「～しないように」という意味になります。

Sana magustuhan mo ito.　気に入ってくれたらいいんだけど。

プレゼントを渡す時のきまり文句です。magustuhan「気に入る」。

Nag-abala pa kayo.　そんな、気まで使ってもらっちゃって。

ここはフランシスとカイラの2人からですのでkayoを使っていますが、相手が1人の時は次のようにいいましょう。

　Nag-abala ka pa.
　　ナッグアバラ　カ　パ

Maraming-maraming salamat.　ほんとにありがとう。

Maraming salamat. のmaramiをくり返すことで意味が強まっています。121頁参照。

いろいろな表現 & この課のポイント

Mami-miss ko kayo. マミミス　コ　カヨ	寂しくなるなあ。
Mami-miss ka rin namin. マミミス　カ　リン　ナーミン	私たちも。

　mami-miss は ma-miss「～が恋しい／～がいなくて寂しい」の未然相。恋しい相手がANG形になります。

Salamat. サラーマット	ありがとう。
Saan? サアン	何が？
Sa lahat. サ ラハット	いろいろとね。

Salamat sa lahat. サラーマット サ ラハット	いろいろとありがとう。

Mag-ingat ka, ha? マッグイーガット カ　ハ	気をつけてね。

Huwag mong pabayaan ang sarili mo, ha? フワッグ　モン　パバヤアン　アンサリーリ モ　ハ	体に気をつけてね。

　sarili mo「あなた自身」。文字通りの意味は「不摂生しないでね」。

Mag-e-mail ka sa akin, ha? マッグイーメイル カ サ アーキン ハ	e-mailしてね。

Huwag mong kalimutan iyon, ha?　　あのこと忘れないでね。
フワッグ　モン　カリムータン　イヨン　ハ

　kalimutan「忘れる」〔対〕。すでに学んだmakalimutanもkalimutanと同じ対象焦点動詞です。しかしkalimutanが「意識的に忘れる」という意味であるのに対しmakalimutanは「意識せず忘れてしまう」という意味ですのでmakalimutanを「〜しろ」や「〜するな」という文で使うことはできません。これは13課「いろいろな表現」で学んだma-動詞とma- -an動詞全てに当てはまります。

Kalimutan mo na iyon. Tapos na iyon, e.
カリムータン　モ　ナ　イヨン　タポス　ナ　イヨン　エ
そのことはもう忘れろよ。終わったことなんだから。

ルネタ公園内のホセ・リサール像

文法編

文法編

語根と呼ばれる単語の基幹部分にさまざまな接辞が付いていろんな品詞や意味合いを派生させたり、単語や句同士をつなげるリンカーの存在、また動詞の焦点の働きなど、フィリピノ語独特の文法事項を紹介します。

語順について

Track 27

フィリピノ語の語順は基本的に「述語＋主語」の順番です。この語順をひっくり返す時には、倒置詞の **ay** [アイ] という単語が必要です。また、英語の be 動詞にあたる単語はフィリピノ語にはありません。

① **Hapon ako.**　　私は日本人です。
　　ハポン　アコ

　　日本人＋私は

② **Ako ay Hapon.**　私は日本人です。
　　アコ　アイ　ハポン

上の①と②は同じ意味の文章ですが、①が普通の口語文なのに対し、②は形式的で文語調な言い方になります。

主語（主題）（ANG 形）

文の中で主語（主題）はかならず、主語マーカーと呼ばれる単語を伴うか、独自の形を持った主語形として現れます。

主語形のタイプとしては以下の3タイプがあります。

タイプ1…人称代名詞の独自型

人称代名詞の主語の形はそれぞれ独自の形を持っています。それを表で示すと次のページの通りです。

＜例文1＞　　**Estudyante siya.**　　　　　彼は学生です。
　　　　　　　エストゥジャンテ　シャ

「私は」	ako アコ	一人称単数
「あなたは」	ikaw/ka イカウ/カ*	二人称単数
「彼（女）は」 ―男女の区別なし	siya シャ	三人称単数
「私たちは」 ―聞き手を含む	tayo ターヨ	一人称複数
「私たちは」 ―聞き手を含まない	kami カミ	一人称複数
「あなたたちは」	kayo カヨ	二人称複数
「彼（女）らは」 ―男女の区別なし	sila スィラ	三人称複数

*ikaw は文頭で使うのに対し、ka は文中で使う時に限られる。

タイプ2…「si ＋人の名前」型

人の名前を主語として表す時には、主語マーカーのsi [スィ]（複数の場合 sina [スィナ]）を名前の直前に伴います。

＜例文2＞　Estudyante si Yumiko.　由美子さんは学生です。
　　　　　エストゥジャンテ スィ ユミコ

タイプ3…「ang ＋名詞や形容詞、その他の品詞や句など」型

上述した2つのタイプ以外の名詞や形容詞、動詞などその他の品詞や句などを主語形として表す時には、主語マーカーのang [アン]をその直前に伴います。通常はこのタイプが多いので、主語（主題）はANG形とも呼ばれているのです。

＜例文3＞　Estudyante ang babae.　その女性は学生です。
　　　　　エストゥジャンテ アン ババーエ

所有表現（NG形）

フィリピノ語で所有の表現は、よく、所有マーカーであるng [ナン]やni [ニ]を伴って表します。例えば、「その男の車」とか「ケンジさんの車」と

言う場合には、以下のようになります。

→ kotse ng lalaki 「その男の車」
　　コーチェ ナン ララーキ
　　車　（の）　男

→ kotse ni Kenji 「ケンジさんの車」
　　コーチェ ニ ケンジ
　　車　（の）　ケンジ

一方、人称代名詞を使った所有表現は、それ独自の形を持っています。例えば、「彼の」という形は、niya [ニャ]となります。この人称代名詞の所有表現は下の例のように名詞などの直後にそのまま来ます。

→ kotse niya 「彼の車」
　　コーチェ ニャ
　　車　彼の

これら所有マーカーや人称代名詞の所有表現で表される形を特にNG形「ナン形」とも呼びます。このNG形は所有の他にも、動詞の対象補語・目的（〜を）を示す機能も果たしています。

方向・場所（SA形）

英語の前置詞にあたる、動作の方向（〜に、〜に対して、〜から）や、動作の行われる場所（〜で）などを表す時には、マーカーのsa [サ]を用いて表すことになります。

例えば、pupunta [ププンタ]「行くつもり」という動詞の未然相を使って、

→ Pupunta ako sa Japan.　　　私は日本に行くつもりだ。
　　ププンタ アコ サ ジャパン

また、mainit [マイーニット]「暑い」という形容詞を使って、

→ Mainit sa Pilipinas.　　　フィリピンは（気候が）暑い。
　　マイーニット サ ピリピーナス

さらに、上記と似た表現で、「ここで」という指示代名詞の方向や場所を表す言い方である、dito [ディート]を使って表現することもできます。

→ Mainit dito. 　　　　　　ここは暑い。
　マイーニット　ディート

　このようにSA形を伴うと、通常、方向や場所を表すのですが、これは所有を表すこともできます。例えば、下の例のように人の名前を使って（マーカーはkay）、「私はマリオさんの所に行くつもりだ」と方向を表せる一方、「それはマリオさんのものだ」と所有を表すこともできるのです。

①Pupunta ako kay Mario.　私はマリオさんの所に行くつもりだ。
　ププンタ　アコ　カイ　マリオ

②Kay Mario ang kotse.　　その車はマリオさんのものだ。
　カイ　マリオ　アン　コーチェ

　さらに、この「マリオさんの所に」という言い方を「彼の所に」と人称代名詞の方向や場所を表す言い方で置き換えることもできます。

③Pupunta ako sa kanya.　私は彼の所に行くつもりだ。
　ププンタ　アコ　サ　カニャ

　以上、見てきましたように、主語（ANG形）や所有表現（NG形）、方向・場所・所有を表す表現（SA形）はマーカーや独自の形を用いて表すのが、フィリピノ語の特徴です。次に、それらをまとめて表にしてみました。

	主語形 ANG形	所有表現 NG形	方向・場所・所有 SA形
人称代名詞	ako アコ 私は	ko コ 私の	sa akin サ　アーキン 私に（私のもの）
	ikaw/ka イカウ　カ あなたは	mo モ あなたの	sa iyo サ　ヨ あなたに（もの）
	siya シャ 彼(女)は	niya ニャ 彼(女)の	sa kanya サ　カニャ 彼(女)に（もの）
	tayo ターヨ 私たちは	natin ナーティン 私たちの	sa atin サ　アーティン 私たちに（もの）

人称代名詞	kami カミ 私たちは	namin ナーミン 私たちの	sa amin サ アーミン 私たちに(もの)
	kayo カヨ あなたたちは	ninyo ニニョ あなたたちの	sa inyo サ イニョ あなたたちに(もの)
	sila スィラ 彼(女)らは	nila ニラ 彼(女)らの	sa kanila サ カニラ 彼(女)らに(もの)
名前＊	si Jun スィ ジュン ジュンさんは	ni Jun ニ ジュン ジュンさんの	kay Jun カイ ジュン ジュンさんに(もの)
その他	ang lalaki アン ララーキ (その)男は	ng lalaki ナン ララーキ (その)男の	sa lalaki サ ララーキ (その)男に(もの)
指示代名詞	ito イト これは	nito ニト これの	dito ディート ここに
	iyan イヤン それは	niyan ニヤン それの	diyan ジャン そこに
	iyon イヨン あれは	niyon/noon ニヨン ノオン あれの	doon ドオン あそこに

＊人の名前でも複数の場合、つまり何人かの人を指す場合には、主語形、所有表現、場所・方向の表し方は、それぞれ、sina [スィナ]、nina [ニナ]、kina [キナ]というマーカーを用います。つまり、

→ Estudyante sina Maria at Gloria.　　マリアとグロリアは学生です。
　　エストゥジャンテ スィナ マリア アット グロリア

→ Ito ang kotse nina Jun.　　これがジュンさんたちの車です。
　　イト アン コーチェ ニナ ジュン

前接語と語順

　フィリピノ語には、文頭の単語や句の直後に位置する一連の単語グループがあり、それを前接語と呼んでいます。これら2音節までの短い単語で

ある前接語は、通常、文の 2 番目にきます。次に主な前接語とその優先順位について紹介しましょう。

①人称代名詞

人称代名詞はすべて前接語のグループに属します。例えば人称代名詞は文頭に打ち消しの hindi [ヒンディッ] などがくると、その直後に置かれます。

→ Hindi *ako* Hapon.　　　私は日本人ではありません。
　ヒンディ　アコ　ハポン

②疑問詞の ba

疑問文にするときに用いられる疑問詞の ba [バ] も前接語の仲間。これが人称代名詞の主語形などと一緒に用いられると、前接語の間で優先順位があるので注意が必要です。

→ Pilipino ka *ba*?　　　あなたはフィリピン人ですか？
　ピリピーノ　カ　バ

→ Pilipino *ba* kayo?　　　あなたたちはフィリピン人ですか？
　ピリピーノ　バ　カヨ

＊ ka は実は一番優先順位が高く、他のどの前接語より先に置かれます。また、1 音節の前接語が 2 音節のものより先にきます。

③尊敬小詞の po, ho

フィリピノ語では尊敬を表す時には、この尊敬小詞と呼ばれる、po [ポッ] や ho [ホッ] を入れます。po のほうが尊敬の度合いが高いと言われています。また、po/ho も前接語ですが、この優先順位は比較的高く、疑問詞の ba より先にきます。しかし、この po や ho を上記の ka「あなたは」と一緒に使うことはできません。1 人の相手に対する尊敬文では、必ず、二人称複数形の kayo か三人称複数の sila を用いて尊敬を表現することになります。

× Pilipino ka *po* ba?　　　→（これは言えない）
○ Pilipino *po* ba kayo?　　　あなた様はフィリピン人ですか？
　ピリピーノ　ポ　バ　カヨ

④na「もうすでに」と pa「まだ」

時間の経過や行為が完了したか未完了かなどを示す、副詞的小詞の na

[ナ]や pa [パ]もよく使われる前接語の仲間です。この2つの単語は同時に現れることはありません。また、これも優先順位は比較的高く、po/ho や ba より先に置かれます。

- → Kumain ka *na* ba?　　　あなたはもう食べましたか？
  クマーイン　カ ナ　バ

- → Opo. Tapos *na* po ako.　はい。もうすみました。
  オーポッ タポス　ナ　ポ　アコ

  Hindi. Hindi *pa* ako kumain. いいえ。私はまだ食べていません。
  ヒンディッ ヒンディ パ　アコ　　クマーイン

na には他に、話し手の強い意志や執着心を伝える場合にも使えます。

- → Sige na.　　　　お願いだからそれやって。
  スィーゲ ナ

  Ikaw na.　　　　お前がそれをやれ。
  イカウ ナ

⑤ 「～もまた」を表す din/rin, naman

　前接語の din/rin, naman はいずれも「～もまた」という意味を付加する単語です。rin は前の単語が母音で終わる時に使われます。naman はこの意味の他に、「また、再び」という意味や「もちろん～だ」と相手の言ったことに反発したり賛同したりする意味合いも持っています。din は、ka や na/pa よりはあとですが、po/ho や ba よりは前に置かれます。

- → Estudyante ka *rin* ba?　　君も学生か？
  エストゥジャンテ カ　リン　バ

  Opo. Estudyante *rin* po ako. はい。私も学生です。
  オーポッ エストゥジャンテ リン ポ　アコ

- → Ikaw na *naman*?　　　今度もまたお前か？
  イカウ　ナ　ナマン

  Oo *naman*.　　　　もちろんそうだ。
  オーオ　ナマン

⑥伝聞「〜だそうだ」の daw/raw

　人から聞いたことを相手に伝える時には、この daw [ダウ] が使えます。これも前の単語が母音で終わっている場合には、音が変化して raw [ラウ] となります。これは na/pa や din/rin、po/ho や ba よりあとにきます。

→ Kumain ka na *raw*.　　　君はもう食べたそうですね。
　クマーイン　カ　ナ　ラウ

　前接語には、上で紹介したものの他に、nga [ガ]「本当に」や lang [ラン]「〜だけ、単なる」、muna [ムーナ]「まず、とりあえず」や sana [サーナ]「〜だったらいいのに」などがあります。主な前接語の優先順位をまとめてみると、一応、次のようになります。

ka ＞ na/pa ＞ din ＞ po/ho ＞ ba ＞ daw ＞ naman ＞ ako

リンカーの働き

　フィリピノ語の文で単語と単語、句と句を結ぶリンカー（繋辞）の働きも特徴のあるものの1つです。基本的に、修飾語と被修飾語をつなぐ役割を担っています。修飾関係にある2つの単語のうち、後ろに置かれた単語の直前にリンカーと呼ばれる -ng [ナン] か na [ナ] という単語が現れます（直前の単語が母音で終わっている場合に -ng を直接付け、子音で終わっている場合には単独の na を伴う）。

　例えば、次の場合を見てみましょう。

　　　形容詞　　　＋　　名詞
→「美しい」　　＋　「女性」　　→　　「美しい女性」
　maganda　　　　babae　　　　　magandang babae
　マガンダ　　　　　ババーエ　　　　　マガンダン　ババーエ

　　　形容詞　　　＋　　名詞
→「冷たい」　　＋　「水」　　　→　　「冷たい水」
　malamig　　　　tubig　　　　　malamig na tubig
　マラミッグ　　　　トゥービッグ　　　　マラミッグ　ナ トゥービッグ

これらは、形容詞が先にきても、後にきても構いません。

「赤いボールペン」→ pulang bolpen　（「赤い」＋「ボールペン」）
　　　　　　　　　　プラン　ボールペン

　　　　　　　＝ bolpeng pula　　（「ボールペン」＋「赤い」）
　　　　　　　　 ボールペン　プラ

リンカーは＜形容詞＋名詞＞に限らず、＜数詞＋名詞＞や＜名詞＋名詞＞、＜人称代名詞＋名詞＞などさまざまな所に登場します。例えば、

1. ＜数詞＋名詞＞…数詞はできるだけ修飾する名詞の前に置かれる

　apat na piso　　4ペソ（apat＝4, piso＝ペソ＊フィリピン貨幣単位）
　アーパット ナ　ピーソ

　isang taon　　　1年（間）（isa＝1、taon＝年）
　イサン　タオン

2. ＜名詞＋名詞＞

　kaibigang Pilipino　　フィリピン人の友だち（kaibigan＝友だち）
　カイビーガン　ピリピーノ

　＝ Pilipinong kaibiganでもオーケー。

　　bahay na bato　　石造りの家　（bahay＝家、bato＝石）
　　バーハイ　ナ　バト

3. ＜人称代名詞＋名詞、数詞＞…人称代名詞を修飾する名詞は後ろ

　tayong lahat　　　　私たち全員（lahat＝全員）
　ターヨン ラハット

　silang dalawa　　　彼ら二人　（dalawa＝2）
　スィラン　ダラワ

4. ＜指示代名詞＋名詞＞

　itong mesa　　　　この机（mesa＝机）
　イトン　メーサ

　＝ mesang ito　　　この机
　　メーサン　イト

　＊ itong mesa はこれだけで主語形となり ang マーカーは必要ないが、後者のほう

116

は ang mesang ito として初めて主語形として使える。

→ Maganda itong mesa.　この机は良い。
　　マガンダ　イトン　メーサ

= Maganda ang mesang ito.
　　マガンダ　アン　メーサン　イト

5.＜副詞＋形容詞/動詞＞

masyado [マシャード]「とても」や talaga [タラガ]「本当に」などの副詞は形容詞を修飾する時にはリンカーを伴います。一方、lagi [ラーギッ]「いつも」や bigla [ビッグラッ]「急に」などの副詞も動詞を修飾する時にはリンカーが必要です。

→ Masyadong matamis ang cake.　そのケーキはとても甘い。
　　マシャードン　マタミス　アン　ケイク

→ Biglang umiyak si Lisa.　　リサは突然泣いた。
　　ビッグラン　ウミヤック　スィ　リサ

6.＜huwag/puwede/gusto＋動詞＞

huwag [フワッグ]「～してはいけない」や puwede [プウェデ]「～できる」、gusto [グスト]「～したい」という単語が動詞を伴う場合には、動詞は不定相（原形）で、しかも動詞の直前に必ずリンカーがきます。（ただし gusto の場合、行為者は NG 形を取る）

→ Huwag kang umiyak.　　　　君は泣いてはいけない。
　　フワッグ　カン　ウミヤック　　（umiyak＝泣く）

→ Puwede ba akong umuwi?　　私は帰ってもいいですか？
　　プウェデ　バ　アコン　ウムウィッ　（umuwi＝帰る）

→ Gusto kong pumunta sa Boracay.　私はボラカイ島に行きたい。
　　グスト　コン　プムンタ　サ　ボラーカイ　（pumunta＝行く）

7.＜meron/wala＋補語＞

存在や所有を表す単語の meron [メーロン]「～がある、～を持っている」や wala [ワラッ]「～がない、～を持っていない」は、その対象物である補語を伴う場合には、補語の直前に必ずリンカーがきます。

- → Meron ka bang pera ? 君はお金を持っていますか？
  メーロン カ バン ペーラ （pera＝お金）
- → Wala akong pera. 私はお金がありません。
  ワラ アコン ペーラ

8. ＜単語/句＋句＞

単語や句にさらに別の句を修飾させる時にもリンカーが使われます。

- → perang para sa iyo 君のためのお金
  ペーラン パーラ サ イヨ （para sa iyo＝君のため）
- → malaking bahay na nasa Maynila マニラにある大きな家
  マラキン バーハイ ナ ナサ マイニーラ (nasa 〜＝〜にある)

名詞を作る接辞

名詞には語根だけからなる単純名詞と、語根に接辞を伴う派生名詞があります。

A. 単純名詞

tao 人	hayop 動物	klase 授業	lapis 鉛筆
ターオ	ハーヨップ	クラーセ	ラーピス

B. 派生名詞

1. KA-：相互行為の相手やある場所を共有する相手などを表す

kaklase　クラスメート　　kaaway　敵、けんか相手
カクラーセ　　　　　　　　カアーワイ　（away＝けんか）

kamag-anak　親類　　　　kalahi　同種族
カマッグアーナック　　　　カラーヒッ　（lahi＝種族）

2. KA- -AN/-HAN: 抽象的概念や集合名詞を表す(語根が声門閉鎖音を有しない母音で終わっている時には-HANを後ろに付ける)

kagandahan　美しさ、美　　　kasabihan　　　言い伝え
カガンダーハン　　　　　　　　カサビハン

kabundukan　山脈　　　　　　kasinungalingan　嘘
カブンドゥーカン　　　　　　　カスィヌガリーガン

3. **-AN/-HAN:** 場所や時期、相互行為などを表す

   simbahan 教会（simba＝祈り）　aklatan 図書館（aklat＝本）
   スィンバーハン　　　　　　　　　　アクラータン

   anihan 収穫期（ani＝収穫）　suntukan 殴り合い（suntok＝殴ること）
   アニハン　　　　　　　　　　　　　スントゥーカン

4. **PA- -AN/-HAN:** 場所や建物を表す

   paaralan 学校（aral＝勉強）　paliparan 空港（lipad＝飛ぶこと）
   パアララン　　　　　　　　　　　　パリパーラン

5. **TAGA-:** 出身地や任務、役割などを表す

   taga-Cebu セブの出身　　　　tagarito ここの出身
   タガセブ　　　　　　　　　　　　タガリート

   tagaluto 料理人（luto＝料理）
   タガルートッ

形容詞を作る接辞

形容詞も名詞と同様、語根だけからなる無接辞形容詞と、さまざまな接辞が付く有接辞形容詞の２つのタイプがあります。

A. 無接辞形容詞

   mura 安い　　　　　　　　　mahal 値段が高い、愛している
   ムーラッ　　　　　　　　　　　　マハル

   bago 新しい　　　　　　　　payat やせている
   バーゴ　　　　　　　　　　　　　パヤット

B. 有接辞形容詞

1. **-AN/-HAN:** 語根の状態が全体に及んでいることを表す

   sugatan 傷だらけの（sugat＝傷）　duguan 血だらけの（dugo＝血）
   スガタン　　　　　　スーガット　　ドゥグアン　　　　　　ドゥゴッ

2. **MA-:** 語根の示すものが豊富、顕著であることを表す（この接辞が付く形容詞が最も多い）

mabuti マブーティ	良い	masama マサマッ	悪い
malinis マリーニス	清潔な	matao マターオ	人が多い

3. MA- -IN: 語根の示すものへの傾向を表す

matimpiin　　遠慮がちの　　（timpi ＝ 遠慮、自制）
マティンピイン　　　　　　　　　ティンピッ

mahiyain　　恥ずかしがり屋の（hiya ＝ 恥）
マヒヤーイン　　　　　　　　　　ヒヤッ

4. MAPAG-: 語根の示す傾向や性格を持っている

mapagbigay　　寛容な　　　（bigay ＝ 与えること）
マパッグビガイ　　　　　　　　ビガイ

mapagpatawa　よく笑わせる（patawa ＝ 笑わせること）
マパッグパタワ　　　　　　　　　パタワ

5. NAKA-: 語根の行為の状態または衣服などを身に付けている状態

nakatira　　　住んでいる　　　（tira ＝ 住むこと）
ナカティラ　　　　　　　　　　　ティラ

nakasalamin　めがねをかけた　（salamin ＝ めがね）
ナカサラミン　　　　　　　　　　サラミン

6. NAKAKA-: 語根の意味する状態をもたらす原因・理由となる

nakakatakot　　怖い＊　　　　（takot ＝ 恐怖）
ナカカターコット　　　　　　　　ターコット

nakakainis　　いらいらさせる　（inis ＝ いらいら）
ナカカイニス　　　　　　　　　　イニス

＊ Nakakatakot ang pelikula. で「その映画は怖い（気持ちにさせる）」というあくまで理由を示しているのに対し、Takot ako sa aso. では「私は犬が怖い」という主語の気持ちを表明した文章になる。

7. PANG-：用途を表す

pang-opisina パンオピスィーナ	事務所用の	(opisina＝事務所) オピスィーナ
pambata パンバータッ	子ども向けの	(bata＝子ども) バータッ

形容詞の比較級、最上級

　フィリピノ語の比較級は「mas ＋形容詞＋主語(A)＋ kaysa ＋ SA形＋比較の対象(B)」で、「AはBより～(形容詞)だ」という構文を取ります。

→ Mas mataas si Jun kaysa kay Jose.　ジュンはホセより背が高い。
　　マス　マタアス スィ ジュン カイサ カイ ホセ

一方、最上級は、形容詞にPINAKA- という接辞を直接付けます。

→ Si Jun ang pinakamataas sa kanila.　ジュンが彼らの中で一番背が高い。
　　スィ ジュン アン　ピナカマタアス　サ　カニラ

形容詞の強意表現と感嘆文

　形容詞の意味を強める強意表現(とても/たいへん～だ)は次のように3タイプあります。

タイプ1…Masyado [マシャード]「とても」という副詞を形容詞に修飾させる

→ Masyadong maliit ang bahay.　その家はとても小さい。
　　マシャードン マリイット アン バーハイ

タイプ2…接辞のNAPAKA- を形容詞の語根に直接付ける(ただし、この
　　　　場合、主語は所有表現(NG形)で表される)

→ Napakaliit ng bahay.　その家はとても小さい。
　　ナーパカリイット ナン バーハイ

タイプ3…形容詞を2回繰り返す

→ Maliit na maliit ang bahay.　その家はとても小さい。
　　マリイット ナ マリイット アン バーハイ

　上記のようにして形容詞の意味を強める言い方がありますが、この他に

も「なんて～なんでしょう！」と感嘆文にすることで意味を強めることもできます。感嘆文は、主語マーカーのangを形容詞の語根の直前に置けば良いのですが、やはり文の主語は所有表現（NG形）で表されます。

→ Ang ganda ng bahay mo!　君の家はなんて素敵なんだ！
　　アン　ガンダ　ナン バーハイ モ

存在、所有、位置を表す

　フィリピノ語で「～がある・います」という存在や「～を持っている」という所有を表す場合には、may [メイ]やmeron [メーロン]（正式にはmayroon [メイロオン]）、逆に「～がない」や「～を持っていない」という場合にはwala [ワラッ]を使って表現します。ただし、mayがかならず補語を直後に取るのに対し、meronやwalaは補語の直前にリンカーがくるほか、もし前接語があれば補語よりも先にくることにも注意する必要があります。

1. 存在

→ May klase ba ngayon?　今日、授業がありますか？
　　メイ　クラーセ　バ　ガヨン

→ Walang klase ngayon.　今日は授業がありません。
　　ワラン　クラーセ　ガヨン

2. 所有

→ May kotse ka ba?　あなたは車を持っていますか？
　　メイ　コーチェ カ バ

= Meron ka bang kotse?　（上と同じ意味）
　　メーロン カ バン コーチェ

→ Wala. Wala akong kotse　ありません。私は車を持っていません。
　　ワラッ　ワラ　アコン　コーチェ

　また、ある物や人の現在地を尋ねる時には、nasaan [ナサアン]「～は今どこにありますか／いますか」を使います。この疑問詞に対しては、「nasa＋場所」で答えるか、nandito (narito) [ナンディート(ナリト)]「ここにあります／います」、nandiyan (nariyan) [ナンジャン(ナリヤン)]「そこにあります／い

ます」、nandoon (naroon) [ナンドオン(ナロオン)]「あそこにあります／います」と指示代名詞の SA 形に NA- が付いた形で答えることになります。

→ Nasaan si Jun?　　　　ジュンさんは今どこにいますか？
　　ナサアン　スィ ジュン

→ Narito sa bahay.　　　ここの家にいます。
　　ナリト　サ　バーハイ

　　Nasa bahay.　　　　　家にいます。
　　ナサ　バーハイ

また、具体的な位置関係を表す単語を使って答えることもできます。

→ Nasaan ang kotse mo?　あなたの車は今どこにあるの？
　　ナサアン　アン コーチェ モ

→ Nasa harap ng bahay.　その家の前にあります。
　　ナサ　ハラッッ ナン バーハイ

harap は「前」という意味ですが、他に位置関係を表す単語として以下のような単語があります。

likod [リコッド]「後ろ」　　　　gitna [ギットナ]「真ん中」
loob [ロオッブ]「中」　　　　　labas [ラバス]「外」
ibabaw [イバーバウ]「上」　　　ilalim [イラーリム]「下」
tabi [タビ]「そば・横」　　　　dulo [ドゥーロ]「奥・突きあたり」
itaas [イタアス]「上方」　　　　ibaba [イババッ]「下方」

動詞を作る接辞と焦点

　フィリピノ語の動詞は、語根に動詞を派生させる接辞を直接付けることで形成されます。よく使われる接辞としては、接中辞の -UM-、接頭辞の MAG- や MA- 、I- などに加え、接尾辞の -IN や -AN などがあります。まず、語根にこれらの接辞を付けると、動詞の不定相（原形）になります。

punta　→　pumunta　　「行く」という動詞の不定相
プンタ　　　プムンタ

＊接中辞の -UM- は語根の最初の音が子音の場合、その直後に来る。

| trabaho | → | magtrabaho | 「働く」という動詞の不定相 |
| トラバーホ | | マッグトラバーホ | |

| bigay | → | ibigay | 「与える」という動詞の不定相 |
| ビガイ | | イビガイ | |

| tawag | → | tawagan | 「電話する」という動詞の不定相 |
| ターワッグ | | タワーガン | |

語根はそれぞれ2つから3つの接辞を取るのが普通です。この動詞の接辞には、焦点（フォーカス）という重要な働きが組み込まれています。
焦点とは文を構成するいくつかの要素（例えば、行為者、対象、方向、場所など）のうち、どれか1つを文の主題（中心的話題）としてその部分を主語形で明示することを言います。例えば、同じ「私は彼女にプレゼントをあげた」という文章でも、「私は」（行為者）、「彼女に」（方向）、「プレゼントを」（対象）の3つの要素に対する焦点の違いによって以下のように3種類の文が可能となります。

1. 行為者焦点…「私は」が ako で表される
   → Nagbigay ako ng regalo sa kanya.
      ナッグビガイ　アコ　ナン　レガーロ　サ　カニャ
   ＊ nagbigay は行為者焦点動詞である magbigay の完了相

2. 対象焦点…「プレゼントを」が ang regalo で表される
   → Ibinigay ko ang regalo sa kanya.
      イビニガイ　コ　アン　レガーロ　サ　カニャ
   ＊ ibinigay は対象焦点動詞である ibigay の完了相

3. 方向焦点…「彼女に」が siya で表される
   → Binigyan ko siya ng regalo.
      ビニギャン　コ　シャ　ナン　レガーロ
   ＊ binigyan は方向焦点動詞である bigyan の完了相

フィリピノ語の動詞は焦点の違いにより、行為者焦点動詞（-UM-, MAG-, MA- 接辞などを取る）や対象焦点動詞（I-, -IN）、方向焦点動詞（-IN, -AN）などと分けられ、話者の意図や会話の流れにより、それぞれ特

定の焦点がその都度、選ばれて文が作られているのです。

-UM-動詞（行為者焦点動詞）

行為者焦点である接辞 -UM- の付いた動詞は代表的なものです。以下に-UM-動詞と、その相（aspect）の活用について紹介しましょう。例えば、「食べる」という動詞には kumain という行為者焦点動詞があります。これは相の違いによって以下のように活用します。

＊ 不定相	未然相	未完了相	完了相
kumain	kakain	kumakain	kumain
クマーイン	カカーイン	クマカーイン	クマーイン
「食べる」	「食べるつもり」	「食べている」	「食べた」

＊不定相とは原形のことで、命令形などで使える基本的な形です。また、未然相とは、行為がまだ始まっていないものの予期されることを表します。そして完了相が行為が既に開始され、完了したことを表すのに対し、未完了相は行為が既に始まったものの、まだ完了していないことを表します。習慣的な行為などもこの未完了相で表現されます。

先の表で明らかなように、-UM-動詞の未然相は動詞の語根の最初の音節を繰り返してできます。また、未完了相はその未然相の最初の音節に-UM-を挿入して作られます。一方、完了相は不定相と全く同じ形になります。ただし、語根が母音で始まる時は、次のように -UM- が単語の頭に付いて活用します。

不定相	未然相	未完了相	完了相
umalis	aalis	umaalis	umalis
ウマリス	アアリス	ウマアリス	ウマリス
「去る」	「去るつもり」	「去っている」	「去った」

以下に主な-UM-動詞とその活用をまとめてみました。

不定相	未然相	未完了相	完了相
bumalik (戻る) ブマリック	babalik ババリック	bumabalik ブマバリック	bumalik ブマリック
dumating (到着する) ドゥマティン	darating ダラティン	dumarating ドゥマラティン	dumating ドゥマティン
gumising (起きる) グミースィン	gigising ギギースィン	gumigising グミギースィン	gumising グミースィン
lumakad (歩く) ルマーカッド	lalakad ララーカッド	lumalakad ルマラーカッド	lumakad ルマーカッド
lumabas (出る) ルマバス	lalabas ララバス	lumalabas ルマラバス	lumabas ルマバス
pumasok (入る) プマーソック	papasok パパーソック	pumapasok プマパーソック	pumasok プマーソック
sumakay (乗る) スマカイ	sasakay ササカイ	sumasakay スマサカイ	sumakay スマカイ
umuwi (帰る) ウムウィッ	uuwi ウウウィッ	umuuwi ウムウウィッ	umuwi ウムウィッ

次に、-UM-動詞を用いた表現を相ごとに紹介しましょう。

① 不定相…命令文、gusto や puwede などを伴う場合

　→ Pumasok ka sa kuwarto.　　　　部屋に入りなさい。
　　 プマーソック カ サ クワルト

　→ Gusto kong bumalik sa Pilipinas.　私はフィリピンに戻りたい。
　　 グスト コン ブマリック サ ピリピーナス

＊ gusto 「〜したい」は動詞を伴う場合には、かならずその動詞は不定相で、しかも動詞の直前にリンカーがきます。

② 未然相…予定されている行為がまだ始まっていない場合（また、「〜する時」や「〜ならば」という接続詞 kung [クン] や「〜する度に」という意味の tuwing [トゥウィン] と一緒に使う場合は、動詞は未然相になることが多い）

　→ Uuwi na ako.　　　　私はもう帰ります。
　　 ウウウィ ナ アコ

→ Kung pupunta ka rito, sumakay ka ng bus.
　　_{クン　ププンタ　カ　リート　スマカイ　カ　ナン　ブス}
　もしここに来るなら、バスに乗りなさい。

③ 未完了相…行為がすでに始まったが、まだ完了していない場合（習慣的な行為も含まれる。また接続詞の (ka) pag (ka) [(カ)パッグ(カ)]「〜する時、〜ならば」や samantalang [サマンターラン]「〜している間」と一緒に使う時は動詞は未完了相になることが多い）

→ Pag lumalabas ka ng bahay, isara mo ang pinto.
　　_{パッグ　ルマラバス　カ　ナン　バーハイ　イサラ　モ　アン　ピントッ}
　家を出るときは、ドアを閉めよ。

→ Samantalang kumakain siya, nanonood siya ng T.V.
　　_{サマンタラン　クマカーイン　シャ　ナノノオッド　シャ ナン ティーヴィー}
　彼は食べながらテレビを見る。

④ 完了相…始まった行為がすでに完了した場合（過去の時を表す、noong [ノオン]「〜した時」と一緒に使う時は動詞は完了相を取る）

→ Pumasok na siya.　　　彼女はもう学校（会社）に行きました。
　　_{プマーソック　ナ　シャ}

＊ pumasok には「〜に入る」という意味の他に、「（学校・会社）に行く」という意味もあります。

→ Noong dumating ka rito, wala ako rito.
　　_{ノオン　ドゥマティン　カ　リート　ワラ　アコ リート}
　君がここに着いた時、私はここにいなかった。

MAG-動詞（行為者焦点動詞）

　-UM-動詞と並んで代表的な MAG-動詞も、やはり行為者焦点動詞になります。以下に MAG-動詞の相の活用を紹介します。

不定相	未然相	未完了相	完了相
magbayad	magbabayad	nagbabayad	nagbayad
マッグバーヤッド	マッグババーヤッド	ナッグババーヤッド	ナッグバーヤッド
「支払う」	「支払うつもり」	「支払っている」	「支払った」

MAG-動詞の不定相は語根の前に接辞MAG- を付けるだけで作られます。この動詞の未然相は、MAG- を付けたまま、語根の最初の音節を繰り返します。また、未完了相はMAG- の代わりにNAG- を付けて、語根の最初の音節を繰り返すのに対し、完了相は不定相のMAG- の代わりにNAG-を付ければよいのです。

　MAG-動詞は次のような語根に付く傾向があります。

① スポーツやゲーム、乗り物
　　maggolf　　　「ゴルフをする」　　magbowling　「ボーリングをする」
　　マッグゴルフ　　　　　　　　　　　　マッグボウリング

　　magbus　　　「バスに乗る」
　　マッグブス

② 言葉
　　mag-Ingles　　「英語を話す」　　mag-Japanese　「日本語を話す」
　　マッグイングレス　　　　　　　　　　マッグジャパニーズ

③ 装身具や食器
　　mag- T-shirt　「Ｔシャツを着る」　mag chopstick　「箸を使う」
　　マッグティーシャート　　　　　　　　マッグチョップスティック

④ 飲食
　　magbeer　　　「ビールを飲む」　　maghapunan　「夕食を食べる」
　　マッグビール　　　　　　　　　　　　マッグハプーナン

⑤ 相互行為を示す
　　magkita　　　「(お互いに)会う」　magkamay　　「(お互いに)握手する」
　　マッグキータ　　　　　　　　　　　　マッグカマイ

⑥ 行為の対象が行為者から離れていく場合
　　magbigay　　「与える」　　　　　magbayad　　「支払う」
　　マッグビガイ　　　　　　　　　　　　マッグバーヤッド

⑦ 一部の形容詞
　　magmadali　　　「急ぐ」（madaliは「急ぐ」という形容詞）
　　マッグマダリッ

magmalaki 「自慢する」(malakiは「大きい」という形容詞)
マッグマラキ

また、同じ語根を取る-UM-動詞とMAG-動詞を比較してみると、次のような違いがあります。

1. 一時的・偶然の行為 ⇔ 継続的・意図的な行為

bumasa	ざっと読む	magbasa	時間をかけて読む
ブマーサ		マッグバーサ	
lumakad	歩く	maglakad	長距離を歩く
ルマーカッド		マッグラーカッド	

2. 自動詞 ⇔ 他動詞

lumabas	出る	maglabas	出す
ルマバス		マッグラバス	
umuwi	家に帰る	mag-uwi	家に持って帰る
ウムウィッ		マッグウウィッ	

3. 正常行為 ⇔ 異常行為

| tumae | 大便をする | magtae | 下痢をする |
| トゥマーエ | | マッグタエ | |

以下にまだ紹介されていない主なMAG-動詞の活用を紹介します。

不定相	未然相	未完了相	完了相
mag-aral (勉強する)	mag-aaral	nag-aaral	nag-aral
マッグアーラル	マッグアアーラル	ナッグアアーラル	ナッグアーラル
mag-away (けんかする)	mag-aaway	nag-aaway	nag-away
マッグアーワイ	マッグアアーワイ	ナッグアアーワイ	ナッグアーワイ
magbenta (売る)	magbebenta	nagbebenta	nagbenta
マッグベンタ	マッグベベンタ	ナッグベベンタ	ナッグベンタ
magdala (運ぶ)	magdadala	nagdadala	nagdala
マッグダラ	マッグダダラ	ナッグダダラ	ナッグダラ
maglaro (遊ぶ)	maglalaro	naglalaro	naglaro
マッグラロッ	マッグララロッ	ナッグララロッ	ナッグラロッ

magluto (料理する) マッグルートッ	magluluto マッグルルートッ	nagluluto ナッグルルートッ	nagluto ナッグルートッ
magsalita (話す) マッグサリタッ	magsasalita マッグササリタッ	nagsasalita ナッグササリタッ	nagsalita ナッグサリタッ
magtanong(尋ねる) マッグタノン	magtatanong マッグタタノン	nagtatanong ナッグタタノン	nagtanong ナッグタノン
magturo (教える) マッグトゥーロッ	magtuturo マッグトゥトゥーロ	nagtuturo ナッグトゥトゥーロッ	nagturo ナッグトゥーロッ
mag-usap(会話する) マッグウーサップ	mag-uusap マッグウウーサップ	nag-uusap ナッグウウーサップ	nag-usap ナッグウーサップ

MAG-動詞を用いた表現を相ごとに紹介すると、

Track 32

① 不定相

→ Mag-aral ka nang mabuti.　　良く勉強しなさい。
マッグアーラル カ ナン マブーティ

→ Bawal magtapon ng basura rito. ここでゴミを捨てるのは禁止。
バーワル マッグタポン ナン バスーラ リート

＊bawal 「禁止する」もあとにくる動詞は必ず不定相になる。

② 未然相

→ Kung magsasalita ka, dahan-dahan ka magsalita.
クン マッグササリタ カ ダーハンダーハン カ マッグサリタッ

話す時は、ゆっくりと話すこと。

③ 未完了相

→ Nagtuturo ako ng Ingles sa mga bata.
ナッグトゥトゥーロ アコ ナン イングレス サ マガ バータッ

私は子どもに英語を教えている。

④ 完了相

→ Nagluto na siya.　　　　彼女は料理し終えました。
ナッグルート ナ シャ

MA-動詞, MANG-動詞（行為者焦点動詞）

　UM-動詞とMAG-動詞以外の行為者焦点として代表的なものに、MA-動詞とMANG-動詞があります。MA-動詞は主に対象・目的語を取らない自動詞的な働きを持つことが多いのに対して、MANG-動詞は習慣的な行為や専門的もしくは職業的な行為などを表すのが特徴となっています。以下にMA-動詞とMANG-動詞の相の活用を見てみましょう。

1. MA-動詞

不定相	未然相	未完了相	完了相
maligo	maliligo	naliligo	naligo
マリーゴッ	マリリーゴッ	ナリリーゴッ	ナリーゴッ
「水浴びする」	「水浴びするつもり」	「水浴びしている」	「水浴びした」

2. MANG-動詞

不定相	未然相	未完了相	完了相
manggamot	manggagamot	nanggagamot	nanggamot
マンガモット	マンガガモット	ナンガガモット	ナンガモット
「治療する」	「治療するつもり」	「治療している」	「治療した」

＊ gamot [ガモット] は「薬」という意味の名詞ですが、MANG-接辞を付けると「治療行為をする」という専門的職業としての行為を表します。

＊ MANG- 接辞はあとにくる語根の最初の音によって、MAM- (b, p の場合で、bやpは脱落する) になったり、MAN- (d, l, s, tなどの場合で、dとs, tなどは脱落する) になったり変形するので注意が必要。

　→　mang- + bili 「買うこと」 ＝　mamili 「買い物する」
　→　mang- + tahi 「縫うこと」 ＝　manahi 「裁縫をする」

以下に主なMA-動詞とMANG-動詞の相の活用を見てみましょう。

不定相	未然相	未完了相	完了相
maawa(かわいそうに思う)	maaawa	naaawa	naawa
マアーワッ	マアアーワッ	ナアアーワッ	ナアーワッ
magutom (お腹が空く)	magugutom	nagugutom	nagutom
マグートム	マググートム	ナググートム	ナグートム

*makita (〜を見る) マキータ	makikita マキキータ	nakikita ナキキータ	nakita ナキータ
mamatay (死ぬ) ママタイ	mamamatay ママタイ	namamatay ナママタイ	namatay ナマタイ
masira (壊れる) マスィーラッ	masisira マスィスィーラッ	nasisira ナスィスィーラッ	nasira ナスィーラッ
matulog (眠る) マトゥーロッグ	matutulog マトゥトゥーロッグ	natutulog ナトゥトゥーロッグ	natulog ナトゥーロッグ
matuto (学ぶ) マトゥート	matututo マトゥトゥート	natututo ナトゥトゥート	natuto ナトゥート
mauna (先に行く) マウーナ	mauuna マウウーナ	nauuna ナウウーナ	nauna ナウーナ
manigarilyo(煙草を吸う) マニガリーリョ	maninigarilyo マニニガリーリョ	naninigarilyo ナニニガリーリョ	nanigarilyo ナニガリーリョ
mangisda (漁をする) マギスダッ	mangingisda マギギスダッ	nangingisda ナギギスダッ	nangisda ナギスダッ
manligaw (求愛する) マンリーガウ	manliligaw マンリリーガウ	nanliligaw ナンリリーガウ	nanligaw ナンリーガウ
manghiram (借りる) マンヒラム	manghihiram マンヒヒラム	nanghihiram ナンヒヒラム	nanghiram ナンヒラム

＊makita は MA-動詞ですが、行為者焦点ではなく、対象焦点（対象が主語マーカーで表される）になりますので注意が必要です。

→ Nakita ko si Presidente Arroyo.
　ナキータ　コ　スィ　プレスィデンテ　アローヨ
　私はアロヨ大統領を見ました。

MA-動詞と MANG-動詞を用いた表現を相ごとに紹介すると、
① 不定相

→ Huwag kang matulog.　　あなたは寝てはいけません。
　フワッグ　カン　マトゥーロッグ

→ Mauna ka na.　　あなたが先に行きなさい。
　マウーナ　カ　ナ

② 未然相

→ Mangingisda kami bukas.　我々は明日、漁に出る。
　　マギギㇲダ　　カミ　ブーカㇲ

③ 未完了相

→ Pag　natututo　ka ng Filipino, kalimutan mo ang Ingles.
　パッグ ナトゥトゥート カ　ナン フィリピーノ　カリムータン　モ　アン　イングㇾㇲ
フィリピノ語を学んでいる間は、英語は忘れなさい。

④ 完了相

→ Nanghiram ako ng pera.　私はお金を何度か借りた。
　ナンヒラㇺ　アコ　ナン ペーラ

＊ 同じhiramという語根でもmanghiram がお金を「数回にわたって借りる」のに対し、humiram[フミラㇺ]は「一回借りる」の意味となります。

対象焦点動詞、方向焦点動詞（I-動詞、-IN動詞、-AN動詞）

次に行為の対象（目的）や方向に焦点を当てる働きを持つ、I-動詞や-IN動詞、-AN動詞について見てみましょう。まず、I-動詞ですが、これは対象に焦点を当てる動詞です。一方、-IN動詞と-AN動詞は対象と方向に焦点を当てる動詞です。次にそれぞれの相の活用について見てみましょう。

1—A. I-動詞（規則的）

不定相	未然相	未完了相	完了相
ibigay	ibibigay	ibinibigay	ibinigay
イビガイ	イビビガイ	イビニビガイ	イビニガイ
「与える」	「与えるつもり」	「与えている」	「与えた」

このようにI-動詞の未然相はI- を付けたまま語根の最初の音節を繰り返します。未完了相は未然相の形に接中辞の-IN-を、繰り返した音節の子音のあとに挿入します。また完了相は不定相の語根の最初の音節に-IN-を挿入します。しかし、同じI-動詞でも語根が母音で始まっている場合や、h、l、r、w、yで始まる場合には-IN-の代わりに、それをひっくり返した-NI-をI-の直後に挿入します。以下にその例を見てみましょう。

1—B. I-動詞（不規則的）

不定相	未然相	未完了相	完了相
ilagay	ilalagay	inilalagay	inilagay
イラガイ	イララガイ	イニララガイ	イニラガイ
「置く」	「置くつもり」	「置いている」	「置いた」

次に-IN動詞と-AN動詞の相の活用を見てみましょう。

2. -IN動詞＊

不定相	未然相	未完了相	完了相
kainin	kakainin	kinakain	kinain
カイーニン	カカイーニン	キナカーイン	キナーイン
「食べる」	「食べるつもり」	「食べている」	「食べた」

3. -AN動詞＊

不定相	未然相	未完了相	完了相
tawagan	tatawagan	tinatawagan	tinawagan
タワーガン	タタワーガン	ティナタワーガン	ティナワーガン
「電話する」	「電話するつもり」	「電話している」	「電話した」

＊ -IN動詞と-AN動詞の未完了相と完了相はともに接中辞-IN-が入る。ただし-IN動詞の場合、未完了相と完了相の接尾辞-INがなくなる。

＊ -IN動詞、-AN動詞ともに語根が声門閉鎖音とならない母音で終わっている場合には、それぞれ-HINと-HANとなって付く。

（例） sabi ＋ HIN ＝ sabihin [サビーヒン]「言う」
　　　pirma ＋ HAN ＝ pirmahan [ピルマハン]「署名する」

（例） bayad ＋ -AN ＝ bayaran [バヤーラン]「支払う」
　　　＊ また語根がdで終わるものはrに変わる。

さらに、いくつか不規則な変化をするものがある。

（例） kuha ＋ -IN ＝ kunin [クーニン]「取る」
　　　bigay ＋ -AN ＝ bigyan [ビギャン]「与える」

その他の主なI-動詞、-IN動詞、-AN動詞の相の変化を紹介すると、

不定相	未然相	未完了相	完了相
iabot（手渡す） イアボット	iaabot イアアボット	iniaabot イニアアボット	iniabot イニアボット
ihatid（見送る） イハティッド	ihahatid イハハティッド	inihahatid イニハハティッド	inihatid イニハティッド
*isulat（〜を書く） イスーラット	isusulat イススーラット	isinusulat イスィヌスーラット	isinulat イスィヌーラット
itago（隠す） イターゴッ	itatago イタターゴッ	itinatago イティナターゴッ	itinago イティナーゴッ
kunin（取る） クーニン	kukunin ククーニン	kinukuha キヌクーハ	kinuha キヌーハ
inumin（飲む） イヌミン	iinumin イイヌミン	iniinom イニイノム	ininom イニノム
gawin（する，作る） ガウィン	gagawin ガガウィン	ginagawa ギナガワッ	ginawa ギナワッ
sabihin（言う） サビーヒン	sasabihin ササビーヒン	sinasabi スィナサービ	sinabi スィナービ
bayaran（払う） バヤーラン	babayaran ババヤーラン	binabayaran ビナバヤーラン	binayaran ビナヤーラン
bigyan（与える） ビギャン	bibigyan ビビギャン	binibigyan ビニビギャン	binigyan ビニギャン
*sulatan（〜に書く） スラータン	susulatan ススラータン	sinusulatan スィヌスラータン	sinulatan スィヌラータン
tulungan（〜を助ける） トゥルー_ガン_	tutulungan トゥトゥルー_ガン_	tinutulungan ティヌトゥルー_ガン_	tinulungan ティヌルー_ガン_

*sulatは焦点の違いによって-UM-動詞（行為者焦点）、I-動詞（対象焦点）、-AN動詞（方向焦点）の3つの文を作ることができます。

→ Sumulat ka sa kanya.　　　　　君が彼に手紙を書きなさい。
スムーラット カ サ カニャ

= Sulatan mo siya.　　　　　　　彼に手紙を書きなさい。
スラータン モ シャ

Isulat mo ang pangalan mo dito.　ここに君の名前を書きなさい。
　　　イスーラット　モ　アン　パガーラン　　モ　ディート

　一方、前述した方向焦点のtawagan 「～に電話する」もtumawag 「電話する」という行為者焦点の形を取ることもありますが、tawagin になると「～を呼ぶ」というまったく違う意味になるので注意が必要。

その他の接辞を取る動詞

　これまでに取り上げた接辞の他にも動詞を形成する接辞が数多くあります。ここにその主なものをいくつか紹介します。

① MAKA-動詞

　行為者焦点の動詞ですが、特に可能や偶発、完了や経験などの行為の性質を表すという特徴を持っています。

　　→　Nakapunta ka na ba sa Japan?　君は日本に行ったことがあるの？
　　　　ナカプンタ　カ　ナ　バ　サ　ジャパン　　　　　　　　　　　　　　　　（経験）

ちなみにMAKA-動詞の相の活用は次のようになります。

（不定相）　makapunta　　⇒　　（未然相）　makakapunta　⇒
　　　　　　マカプンタ　　　　　　　　　　　　マカカプンタ

(未完了相) nakakapunta　　⇒　　（完了相）　nakapunta
　　　　　　ナカカプンタ　　　　　　　　　　　　ナカプンタ

② MA- -AN動詞

　行為者焦点のMAKA-動詞の中でも知覚や理解に関する意味の動詞が対象焦点を取る場合、このMA- -AN接辞を取る。

　　→　Naiintindihan mo ba ito?　あなたはこれが分かりますか？
　　　　ナイインティンディハン　モ　バ　イト

ちなみにMA- -AN動詞の相の活用は次のようになります。

（不定相）　maintindihan　⇒　　（未然相）　maiintindihan　⇒
　　　　　　マインティンディハン　　　　　　　　マイインティンディハン

（未完了相）naiintindihan　⇒　　（完了相）　naintindihan
　　　　　　ナイインティンディハン　　　　　　　　ナインティンディハン

③ MAGPA-動詞（使役動詞）

　ある行為をするよう他人に命令を出す人（使役者）に焦点を当てる使役者焦点動詞を形成するのが、接辞MAGPA-です。また、命令を受けた人物（被使役者）に焦点を当てる接辞PA(G)-INなどもあります。

→　Nagpaluto ako ng isda kay Maria.
　　ナッグパルート アコ ナン イスダ カイ マリア
　　私はマリアに魚を料理してもらった。

＝　Pinagluto ko ng isda si Maria　マリアに魚を料理してもらった。
　　ピナッグルート コ ナン イスダ スィ マリア

MAGPA-動詞の相の活用は次のようになります。

（不定相）　　magpaluto　　⇒　（未然相）　magpapaluto　⇒
　　　　　　　マッグパルートッ　　　　　　　　　マッグパパルートッ

（未完了相）　nagpapaluto　⇒　（完了相）　nagpaluto
　　　　　　　ナッグパパルートッ　　　　　　　ナッグパルートッ

また、PAG- -IN動詞の活用は次のようになります。

（不定相）　　paglutuin　　⇒　（未然相）　paglulutuin　⇒
　　　　　　　パッグルトゥーイン　　　　　　　パッグルルトゥーイン

（未完了相）　pinagluluto　⇒　（完了相）　pinagluto
　　　　　　　ピナッグルルートッ　　　　　　　ピナッグルートッ

④ IKA-動詞（理由焦点動詞）

行為の理由や原因に焦点を当てる接辞IKA-の付いた動詞。

→　Ikinamatay niya ang kanser.　　　彼はガンで亡くなった。
　　イキナマタイ　ニャ　アン　カンサー

また、IKA-動詞の相の活用は次のようになります。

（不定相）　　ikamatay　　⇒　（未然相）　ikamamatay　⇒
　　　　　　　イカマタイ　　　　　　　　　　イカママタイ

（未完了相）　ikinamamatay　⇒　（完了相）　ikinamatay
　　　　　　　イキナママタイ　　　　　　　　　イキナマタイ

IKA-動詞には他に次のような動詞があります。

ikagalit [イカガーリット]「～(が理由で)怒る」

ikahiya [イカヒヤッ]「～(が理由で)恥じる」

ikalungkot [イカルンコット]「～(が理由で)残念に思う」

⑤ PAG- -AN 動詞（話題焦点動詞）

話題に焦点を置くこともまれですがあります。

→ Pag-usapan natin ang problema. この問題について話し合いましょう。
　　パッグウサーパン ナーティン アン プロブレーマ

（不定相）	pag-usapan パッグウサーパン	⇒	（未然相）	pag-uusapan パッグウウサーパン
（未完了相）	pinag-uusapan ピナッグウウサーパン	⇒	（完了相）	pinag-usapan ピナッグウサーパン

数字の言い方

フィリピノ語で用いられる数字は、タガログ語起源の数字とスペイン語起源の数字が混じっています。時間や金額を言う時に、スペイン語起源の数字を使うことが多いようです。以下に、タガログ語とスペイン語起源の数字をそれぞれまとめてみました。

Track 34 タガログ語起源の数字		Track 35 スペイン語起源の数字
isa イサ	1	uno ウーノ
dalawa ダラワ	2	dos ドス
tatlo タットロ	3	tres トレス
apat アーパット	4	kuwatro クワットロ
lima リマ	5	singko スィンコ
anim アーニム	6	sais サイス

pito ピト	7	siyete シエーテ
walo ワロ	8	otso オーチョ
siyam シャム	9	nuwebe ヌウェーベ
sampu サンプッ	10	diyes ジス
labing-isa ラビンイサ	11	onse オンセ
labindalawa ラビンダラワ	12	dose ドーセ
labintatlo ラビンタットロ	13	trese トレーセ
labing-apat ラビンアーパット	14	katorse カトールセ
labinlima ラビンリマ	15	kinse キンセ
labing-anim ラビンアーニム	16	disisais ディスィサイス
labimpito ラビンピト	17	disisiyete ディスィシエーテ
labing-walo ラビンワロ	18	disiotso ディスィオーチョ
labinsiyam ラビンシャム	19	disinuwebe ディスィヌウェーベ
dalawampu ダラワンプッ	20	beinte ベインテ
dalawampu't isa ダラワンプット イサ	21	beinte uno ベインテ ウーノ
tatlumpu タットルンプッ	30	treinta トレインタ
apatnapu アーパットナプッ	40	kuwarenta クワレンタ
limampu リマンプッ	50	singkuwenta スィンクウェンタ

animnapu アーニムナプッ	60	sisenta スィセンタ
pitumpu ピトゥンプッ	70	setenta セテンタ
walumpu ワルンプッ	80	otsenta オチェンタ
siyamnapu シャムナプッ	90	nobenta ノベンタ
isang daan イサン ダアン	100	siyento シエント
limang daan リマン ダアン	500	kiniyentos キニエントｽ
isang libo イサン リーボ	1,000	mil ミル
sampung libo サンプン リーボ	10,000	diyes mil ジス ミル

● 時間の言い方は、alas[アラｽ]＋スペイン語起源の数字で言うのが一般的

→ Anong oras na?　　　　今、何時ですか？
アノン オーラｽ ナ

　Alas nuwebe ng umaga.　午前9時です。
　アラｽ ヌウェーベ ナン ウマーガ

● 金額の言い方は、スペイン語、タガログ語起源の数字を併用している

→ Magkano ito?　　　　これはいくら？
マッグカーノ イト

　Otso.(Walumpiso)　　8ペソです。
　オーチョ ワルンピーソ

● 人数の言い方は、必ずタガログ語起源の数字で答える

→ Ilan kayo?　　　　あなた方は何人ですか？
イラン カヨ

　Apat kami.　　　　私たちは4人です。
　アーパット カミ

ヴィジュアル フィリピノ語

Bahay
バーハイ

1. Track 37

家

ilaw イーラウ ランプ、電気	**kisame** キーサメ 天井	**salamin** サラミン 窓、鏡	**sofa(sopa)** ソファ ソファ
mesa メーサ テーブル	**silya** スィーリャ 椅子	**radyo** ラージョ ラジオ	**sala** サーラ 居間
pintura ピントゥーラ 絵	**dingding** ディンディン 壁	**bulaklak** ブラクラック 花	

ヴィジュアルフィリピノ語 2.

Kuwarto ng hotel
クワルト　　　ナン　　ホテル

Track 38

ホテルの部屋

kama カーマ ベッド	**unan** ウーナン 枕	**reprigyerator** レプリジェレーター 冷蔵庫	**TV** ティーヴィー テレビ
kumot クーモット 掛け敷布	**bag** バッグ バッグ	**maleta** マレータ スーツケース	**susi** スースィッ 鍵
telepono テレポノ 電話	**kurtina** クルティーナ カーテン	**tanawin** タナーウィン 風景	**tsinelas** チネーラス ぞうり

Mga Damit
マガ　　　ダミット

ヴィジュアルフィリピノ語 3.
Track 39

服装

amerikana アメリカーナ 背広	**polo** ポーロ 襟付き上着	**blusa** ブルーサ ブラウス	**maong** マーオン ジーパン
dyaket ジャケット ジャケット	**kurbata** クルバータ ネクタイ	**barong Tagalog** バロン　タガーログ バロンタガログ （男性用民族衣装）	
sapatos サパートゥ 靴	**pantalon** パンタロン ズボン	**medyas** メージャス 靴下	**panyo** パニョッ ハンカチ

ヴィジュアルフィリピノ語 4.

Track 40

Restawran
レスタウラン

レストラン

menu	waiter	waitress	order
メヌー	ウェイター	ウェイトレス	オルダー
メニュー	ウエイター	ウエイトレス	オーダー

bir	tubig	coke	inumin
ビール	トゥービッグ	コウッ	イヌミン
ビール	水	コーラ	飲み物

plato	kutsara	tinidor	bill
プラート	クチャーラ	ティニドール	ビル
皿	スプーン	フォーク	勘定書

Mga sasakyan
マガ　　　ササキャン

ヴィジュアル
フィリピノ語

5.

Track 41

乗り物

kotse	bus	tren	eroplano
コーチェ	ブス	トレン	エロプラーノ
車	バス	電車	飛行機

dyip	traysikel	pedicab	
ジープ	トライスィケル	ペディキャブ	
ジープニー	乗合三輪バイク	三輪自転車	

barko	bangka	estasyon ng tren
バルコ	バンカッ	エスタシォン　ナン　トレン
船	小舟	電車の駅

145

ヴィジュアルフィリピノ語 6.

Sari-sari store
サリサリ　ストアー

Track 42

サリサリストアー（雑貨屋）

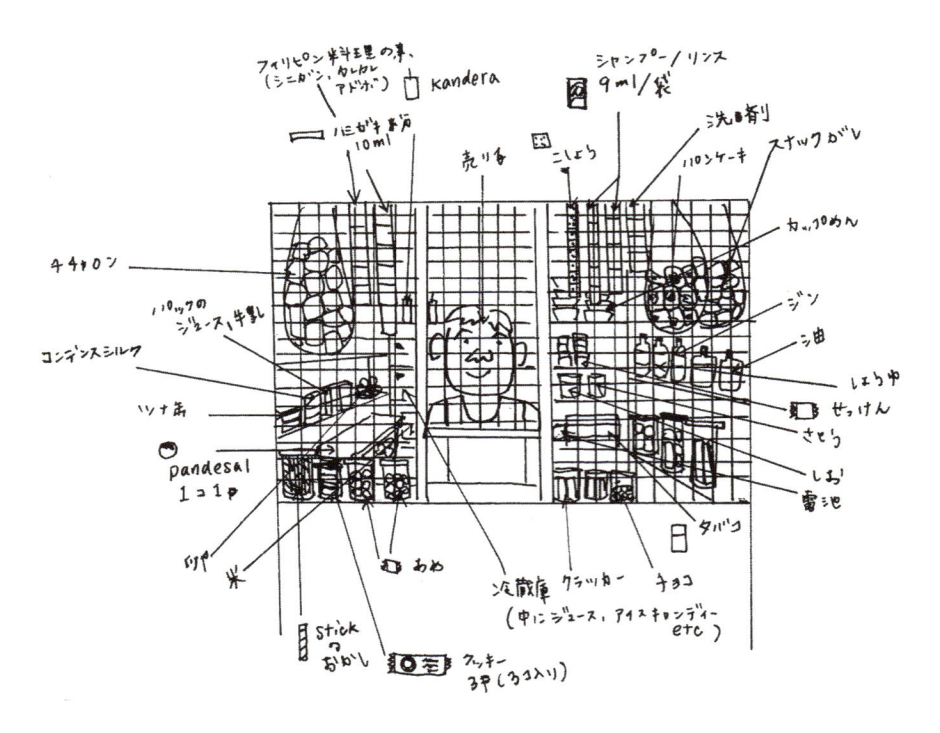

bigas ビガス 米	**tinapay** ティナーパイ パン	**shampoo** シャンプー シャンプー	**sigarilyo** スィガリーリョ 煙草
mantika マンティーカッ 油	**kendi** ケンディー キャンディー	**gin** ジン ジン	**kandila** カンディーラッ ロウソク
sabon サボン 石けん	**asin** アスィン 塩	**asukal** アスーカル 砂糖	**paminta** パミンタ コショウ

ヴィジュアル
フィリピノ語

Mga prutas
マガ　　　　プルータス

7. Track 43

フルーツ

mangga マンガ マンゴー	**pinya** ピーニャ パイナップル	**pakwan** パックワン 西瓜
suha スーハッ ポメロ	**dalandan** ダランダン ミカン	**durian** ドゥリアン ドゥリアン
saging サーギン バナナ	**rambutan** ランブータン ランブータン	**papaya** パパーヤ パパイヤ	**lansones** ランソーネス ランソーネス

ヴィジュアルフィリピノ語 8.

Probinsya
プロビンシャ

Track 44

田舎

bundok ブンドック 山	**ilog** イーロッグ 川	**palayan** パラーヤン 田んぼ	**dagat** ダーガット 海
bahay-kubo バーハイクーボ 高床式民家	**niyog** ニヨッグ ココナツの木	**kalabaw** カラバウ 水牛	**kambing** カンビン 山羊
manok マノック ニワトリ	**baboy** バーボイ 豚		

Mga bahagi ng katawan
マガ　バハーギ　ナン　カタワン

9. Track 45

体の部分

WEDDING

ulo	mukha	mata	ilong
ウーロ	ムゥハッ	マタ	イロン
頭	顔	目	鼻

kamay	balikat	dibdib	tiyan
カマイ	バリーカット	ディブディブ	チャン
手	肩	胸	腹

likod	puso	paa	tuhod
リコッド	プーソッ	パア	トゥーホッド
背中	心臓	足	膝

ヴィジュアルフィリピノ語

INDEX

A

Abril [アブリル] 4月 ……………………49
Agosto [アゴスト] 8月 ………………49
akala ko [アカーラ コ] ぼくはてっきり
　〜だと思っていた ……………31, 55
akin [アーキン] 私に ………………111
aklatan [アクラータン] 図書館 ………119
ako [アコ] 私は　　………………109
alalahanin [アララハーニン] 心配する　63
alam [アラム] 知っている…………20, 57
alam mo [アラム　モ] あのね…………42
alis [アリス] 出発　………………………53
amerikana [アメリカーナ] 背広　……143
　*Amerikano [アメリカーノ] 米国人
amin [アーミン] 私たちに（のもの）
　*聞き手を含まない ………………112
anak [アナック]息子、娘 ……………55
ani [アーニ] 収穫 ……………………119
anihan [アニハン] 収穫期 ……………119
anim [アーニム] 6 ……………………138
ano [アノ] 何、〜だよね…………77, 42
anong oras [アノン オーラス] 何時 ……73
ang [アン]〈主語形マーカー〉……112
apat [アーパット] 4 …………………138
araw [アーラウ] 日、日中、太陽 ……12
asahan [アサーハン] 予期する　………88
asawa [アサーワ] 配偶者　……………18
asin [アスィン] 塩 ……………………146
aso [アーソ] 犬………………………52
asukal [アスーカル] 砂糖 ……………146
at [アット] そして ……………………42
ate [アーテ] 姉　…………………………81

atin [アーティン] 私たちに（のもの）
　聞き手を含む ……………………111
ay [アイ]〈倒置詞〉…………………108
ayaw [アーヤウ] 〜が嫌い……………59

B

ba [バ]〈疑問小詞〉…………………113
babae [ババーエ] 女性 ………………109
baboy [バーボイ] 豚 …………………148
bagay [バーガイ] 似合う　……………37
bago [バーゴ] 新しい、〜する前に
　………………………………119, 44
bahay [バーハイ] 家　…………………62
baka [バカッ] 〜かもしれない ………40
bakit [バーキット] なぜ……………58, 74
barong Tagalog [バロン タガーログ]男性
　の民族衣装バロンタガログ ……143
basa [バサッ] 濡れている ……………10
basta [バスタッ] とにかく ……………93
basura [バスーラ] ゴミ ……………130
bata [バータッ] 子ども、小さい ……57
bawal [バーワル] 禁止されている …130
bayad [バーヤッド] 支払い　…………21
bayaran [バヤーラン] 支払う ……85, 134
beinte [ベインテ] 20 …………………139
bibig [ビビック] 口 ……………………56
bigas [ビガス] 米 ……………………56
bigla [ビッグラッ] 急に ……………117
bigyan [ビギャン] 与える……………134
binti [ビンティッ] ふくらはぎ ………65
bir [ビール] ビール …………………144
bisi [ビースィー] 忙しい　……………49
Biyernes [ビエルネス]金曜日 …………49
blusa [ブルーサ] ブラウス　…………143
bolpen [ボールペン] ボールペン ……116
Boracay [ボラーカイ] ボラカイ島……84
boses [ボーセス] 声……………………52
buhay [ブーハイ] 命、人生　…………19
buhok [ブホック] 髪の毛 ……………19

150

bukas [ブーカス] 明日 ……………48
bumalik [ブマリック] 戻る …………126
bumili [ブミリ] 買う ………………37
bundok [ブンドック] 山………………148
bus [ブス] バス ……………………38

C

C.R. [スィーアール] トイレ……………41
Cebu [セブ] セブ ………………24
Chickenjoy [チキンジョイ] チキンジョイ
……………………………………33

D

daanan [ダアーナン] 寄る、通る ……98
dagat [ダーガット] 海 ………………148
dahan-dahan [ダーハンダーハン]
　ゆっくり ……………………130
dahil [ダーヒル] 〜の理由で …………98
dala [ダラ] 荷物 ……………………100
dalawa [ダラワ] 2 …………………138
damo [ダモ] 草 ……………………57
dapat [ダーパット] 〜すべきである
……………………………………64, 83
daw [ダウ] 〜だそうです ………79, 115
delikado [デリカード] 危険な …………97
dentista [デンティスタ] 歯医者 …………45
depende [デペンデ] 〜次第である …94
di ba [ディ バ] 〜だよね ……………43
dibdib [ディブディブ] 胸 ………………56
diksyunaryo [ディクシュナーリョ] 辞書
……………………………………37
din [ディン] 〜もまた ………………114
Disyembre [ディシェンブレ] 12月 ……49
dito [ディート] ここに
　*直前の単語が母音で終わっている
　　場合ritoリートとなる。 ………112
diyan [ディヤン] そこに
　*直前の単語が母音で終わっている
　　場合riyan[リヤン]となる。…………112

diyes [ディエス] 10 …………………139
doktor [ドクトール] 医者 ……………92
doon [ドオン] あそこに
　*直前の単語が母音で終わっている
　　場合roon [ロオン]となる。………112
dos [ドス] 2 ………………………138
dose [ドーセ] 12 …………………139
dugo [ドゥゴッ] 血 …………………119
duguan [ドゥグアン] 血だらけの …119
dulo [ドゥーロ] 奥、外れ ……………123
dumating [ドゥマティン] 到着する …126
dyaket [ジャケット] ジャケット ……143
dyip [ジープ] ジプニー ……………145

E

E [エー] えーと …………………………30
e [エ] だって〜だもの ………35, 46, 48
E di [エ ディ] じゃあ ………………60
Enero [エネーロ] 1月 ………………49
eroplano [エロプラーノ] 飛行機 ……145
estasyon [エスタション] 駅
　*istasyonとも綴る ………………145
estudyante [エストゥジャンテ] 学生 …108
ewan [エーワン] 知らない……………20

F

Filipino [フィリピーノ] フィリピノ語、
　フィリピン人 …………………………7

G

gabi [ガビ] 夜 ……………………92
galing [ガーリン] 〜から来ている …78
gana [ガーナ] 食欲、意欲 ……………64
ganda [ガンダ] 美しさ ………………19
ganito [ガニト] このような …………82
ganoon [ガノオン] あのような ………80
ganyan [ガニャン] そのような ………68
gas [ガス] ガソリン …………………92
gawin [ガウィン] する、作る …………44

151

general [ヘネラル] 将軍、大将 ………9
ginawin [ギナウィン] 寒がる …………65
gising [ギスィン] 起きている ………60
gisingin [ギスィーギン] 起こす ………60
gitna [ギットナッ] 真ん中……………123
gumimik [グミーミック] 遊びに出かける
……………………………………47
gumising [グミースィン] 目を覚ます 60
gusto [グスト] 〜したい ……………117
gutom [グトム] お腹が空いている …16

H

Ha? [ハ] えっ？ ……………………38
ha [ハ] いいですか …………44, 47, 104
habang [ハーバン] 〜の間 ……………56
hanapin [ハナーピン] 探す ……………36
Hapon [ハポン] 日本、日本人 ………26
harap [ハラップ] 前、前部 …………123
hayop [ハーヨップ] 動物 ……………118
hilingin [ヒリギン] お願いする………69
hindi [ヒンディッ] いいえ、〜ではない
……………………………………15, 26
hindi pansinin [ヒンディ パンスィニン]
無視する ………………………61
hindi sinasadya [ヒンディ スィナサジャッ]
わざとではない ……………71, 100
huli [フリ] 手後れ、遅刻した ………53
Hulyo [フーリョ] 7月 ………………49
Hunyo [フーニョ] 6月 ………………49
huwag [フワッ] 〜するな ……40, 117
Huwebes [フウェーベス] 木曜日 ……49

I

iabot [イアボット] 手渡す……………135
iba [イバ] 違う、別の …………………42
ibaba [イババッ] 下、下方 …………123
ibabaw [イバーバウ] 上、表面 ……123
ibigay [イビガイ] 与える ………69, 133
i-explain [イエクスプレイン] 説明する 94

ihatid [イハティッド] 見送る…………135
ikagalit [イカガーリット] 〜が理由で怒る
……………………………………138
ikahiya [イカヒヤッ] 〜が理由で恥じる
……………………………………138
ikamatay [イカマタイ] 〜が理由で死ぬ
……………………………………137
ikaw [イカウ] あなたは ……………109
ilagay [イラガイ] 置く ………………134
ilalim [イラーリム] 下、底 …………123
ilan [イラン] いくつ、何人 …………29
ilaw [イーラウ] ランプ、電気………141
ilibre [イリブレ] おごる ………………33
ilog [イーロッグ] 川 …………………148
indyanin [インジャニン] 約束をすっぽかす ……………………………………46
inumin [イヌミン] 飲み物、飲む …135
inyo [イニョ] あなたたちに（のもの）
……………………………………112
ingat [イーガット] 気をつける ………40
ipaalaala [イパアラアーラ] 思い出させる
……………………………………96
ipaalam [イパアラム] 知らせる ………85
ipaayos [イパアーヨス] 直してもらう 96
ipagawa [イパガワッ] してもらう …97
ipatago [イパターゴッ] しまっておいてもらう ………………………………96
ipaturo [イパトゥーロッ] 教えてもらう
……………………………………94
ipis [イービス] ゴキブリ ………………52
i-report [イレポート] 届けを出す ……45
isa [イサ] 1 …………………………138
isip [イースィップ] 考え ………………84
isipin [イスィーピン] 考える …………90
isulat [イスーラット] 書く……………135
itaas [イタアス] 上、上方……………123
itago [イターゴッ] 隠す………………135
itanong [イタノン] 質問する …………69
ito [イト] これは ……………………112

ituring [イトゥーリン] 〜とみなす …75
iyan [イヤン] それは …………………112
iyo [イヨ] あなたに…………………111
iyon [イヨン] あれは ………………112

J

Japan [ジャパン] 日本 ………………28
Jollibee [ジョリビー] ジョリビー ファストフードチェーン店 ……………33

K

ka [カ] あなたは ……………………109
kaaway [カアーワイ] 敵、けんか相手 ………………………………………118
kabayo [カバーヨ] 馬 …………………57
kagandahan [カガンダーハン] 美しさ 118
kagipitan [カギピータン] 苦境 ………52
kahapon [カハーポン] 昨日 …………84
kahit [カーヒット] 〜にもかかわらず …44
kaibigan [カイビーガン] 友だち………43
kailan [カイラン] いつ ………………53
kainin [カイーニン] 食べる ……77, 134
kaklase [カクラーセ] クラスメート …118
kalahi [カラーヒッ] 同種族 …………118
kalimutan [カリムータン] 忘れる …105
kama [カーマ] ベッド ………………142
kamag-anak [カマッグアーナック] 親戚 ………………………………………118
kamay [カマイ] 手 …………………149
kami [カミ] 私たちは
 *聞き手を含まない ……………109
kanila [カニラ] 彼(女)らに(のもの) 112
kanina [カニーナ] 先ほど ……………73
kanino [カニーノ] 誰のもの、誰に …69
kanta [カンタ] 歌 ……………………66
kanya [カニャ] 彼(女)に(のもの)…111
kapatid [カパティッド] きょうだい 29, 45
kasabihan [カサビハン] 言い伝え …118
kasalanan [カサラーナン] 罪 …………89

kasi [カスィ] なぜなら ……………35, 45
kaso [カーソ] でも ……………………82
katawan [カタワン] 体 ………………86
katorse [カトルセ] 14…………………139
kawawa [カワーワッ] かわいそうな …100
kay [カイ] 〈方向・場所マーカー〉 112
kaya [カヤッ] 〜かな、だから …37, 45
kaya [カーヤ] できる …………………80
kaya lang [カヤ ラン] でも …………86
kayo [カヨ] あなたたちは …………109
kilala [キララ] 知っている …………90
kina [キナ] 〈方向・場所マーカー〉 112
kinse [キンセ] 15 ……………………139
kita [キタ] 私(NG形)+あなた(ANG形) ……………………………………33
klase [クラーセ] 授業 ………………118
ko [コ] 私の …………………………111
kotse [コーチェ] 車……………………61
kumain [クマーイン] 食べる ……15, 125
kumot [クーモット] 掛け敷布 ………142
kumusta [クムスタ] 元気かい ………12
kumustahin [クムスタヒン] 元気かどうか尋ねる ………………………72
kunin [クーニン] 取る …………96, 134
kung [クン] もし〜なら ………44, 127
kurbata [クルバータ] ネクタイ ……143
kuwarenta [クワレンタ] 40 …………139
kuwatro [クワットロ] 4 ……………138
kuwentuhan [クウェントゥーハン] 雑談、おしゃべり ………………………99

L

labas [ラバス] 外 ……………………123
lagnat [ラグナット] 熱 ………………65
lagnatin [ラグナティン] 熱が出る ……65
lahat [ラハット] 全部、すべて ………53
lakad [ラーカッド] 用事 ………………49
lalaki [ララーキ] 男 …………………110
lalamunan [ララムーナン] のど ………39

153

lansones [ランソーネス] ランソネス（果物の一種）……………………147
lang [ラン] 〜だけ ………………14
langit [ラーギット] 天国、空 ………52
lapis [ラーピス] 鉛筆 ……………118
leeg [レエッグ] 首 …………………39
libre [リブレ] 空いている …………46
libro [リブロ] 本 …………………63
lihim [リーヒム] 秘密、秘密の ………56
likod [リコッド] 背中、後ろ ……44, 123
lima [リマ] 5 ……………………138
linya [リーニャ] 線、列 ……………73
Linggo [リンゴ] 日曜日 ……………49
lokohin [ロコーヒン] 騙す、からかう …59
loob [ロオッブ] 中、内部、意志……123
lumabas [ルマバス] 外に出る ………126
lumakad [ルマーカッド] 歩く …………126
Lunes [ルーネス] 月曜日 ……………49

M

maalaala [マアラアーラ] 思い出す …76
maawa [マアーワッ] かわいそうに思う ………………………………131
mabait [マバイット] 親切な …………80
mabinat [マビーナット] 病気がぶり返す …………………………………62
mabuhay [マブーハイ] 万歳、ようこそ、生きる ……………………………19
mabunutan [マブヌータン] 抜ける …53
mabunyag [マブニャッグ] 明らかになる ……………………………………56
mabuti [マブーティ] 良い ………12, 120
madali [マダリッ] 簡単な ……………95
mag-alala [マッグアララ] 心配する …62
magaling [マガリン] 上手な …………34
magalit [マガーリット] 怒る …………68
maganda [マガンダ] 美しい、良い …115
mag-aral [マッグアーラル] 勉強する ……………………………………34, 129

magawa [マガワッ] することができる ………………………………………86
mag-away [マッグアーワイ] けんかする ………………………………………75
magbago [マッグバーゴ] 変わる …84
magbasa [マッグバサ] 熟読する ……129
magbayad [マッグバーヤッド] 支払う …85
magbenta [マッグベンタ] 売る ……129
magbiro [マッグビロ] 冗談を言う ……42
magbowling [マッグボウリング] ボーリングする ……………………………128
magbus [マッグブス] バスに乗る……128
magdala [マッグダラ] 運ぶ …………129
magdyip [マッグジープ] ジプニーに乗る ………………………………………82
maghapunan [マッグハプーナン] 夕食を食べる ………………………………128
maghintay [マッグヒンタイ] 待つ ……99
maghiwalay [マッグヒワライ] 別れる …79
mag-ingat [マッグイーガット] 気をつける ……………………………40, 104
magkahiwalay [マッグカヒワライ] 離ればなれになる ……………………78
magkamali [マッグカマリッ] 間違う …82
magkamay [マッグカマイ] 握手する …128
magkano [マッグカーノ] いくら ……21
magkape [マッグカペ] コーヒーを飲む ………………………………………44
magkita [マッグキータ] 会う …………84
maglabas [マッグラバス] 出す ………129
maglakad [マッグラカッド] 長距離歩く ……………………………………129
magloko [マッグロコ] おかしくなる …58
magmadali [マッグマダリッ] 急ぐ ……31
magmalaki [マッグマラキ] 自慢する…129
magmaneho [マッグマネーホ] 運転する ………………………………………40
magpagasolina [マッグパガソリーナ] ガソリンを入れてもらう ……………92

magpahangin [マッグパハーギン] 風に当たる ……90
magpahatid [マッグパハティッド] 送ってもらう ……92
magpahinga [マッグパヒガ] 休憩する 64
magpalamig [マッグパラミッグ] 涼む …91
magpaluto [マッグパルートッ] 料理してもらう ……137
magpasundo [マッグパスンドッ] 迎えに来てもらう ……92
magpatingin [マッグパティギン] 診てもらう ……92
magpatulong [マッグパトゥーロン] 手伝ってもらう ……93
magpaturo [マッグパトゥーロッ] 教えてもらう ……93
magsabi [マッグサービ] 言う ……81
magsawa [マッグサーワッ] 飽きる ……89
mag-start [マッグスタート] エンジンがかかる ……61
magtaksi [マッグタッシー] タクシーに乗る ……82
mag-text [マッグテクスト] 携帯メールを送る ……70
magtrabaho [マッグトラバーホ] 仕事する ……124
magturo [マッグトゥーロッ] 教える …130
magulang [マグーラン] 親 ……63
mag-usap [マッグウーサッグ] 話し合う ……75
magustuhan [マグストゥハン] 気に入る ……102
mahal [マハル] 値段が高い、愛している ……21, 66
mahanap [マハーナッグ] 探すことができる ……71
mahawa [マハーワ] 病気が移る ……64
mahilo [マヒーロ] めまいがする ……65
mahirap [マヒーラッグ] 難しい……94

mahiyain [マヒヤーイン] 恥ずかしがり屋の ……120
mainit [マイーニット] 暑い、熱い …110
maintindihan [マインティンディハン] 理解する ……76, 136
mais [マイス] トウモロコシ ……50
maisip [マイースィッグ] 思いつく ……68
makabuti [マカブーティ] よくなる原因になる ……99
makalimutan [マカリムータン] 忘れてしまう ……69, 77, 105
makapagkuwentuhan [マカパッグクウェントゥーハン] 雑談できる……98
makapunta [マカプンタ] 行ける ……84
makasama [マカサマッ] 悪くなる原因になる ……86
makatulog [マカトゥーロッグ] 眠れる、眠ってしまう ……99
makilala [マキラーラ] 知り合う ……76
makita [マキータ] 見る ……76, 132
makontak [マコンタッ] 連絡を取ることができる ……70
malakas [マラカス] 強い……81
malaki [マラキ] 大きい ……36
malalim [マラーリム] 深い ……90
malaman [マラーマン] 知る ……77
malamig [マラミッグ] 冷たい、寒い …115
ma-late [マレイト] 遅れる ……60
malayo [マラーヨッ] 遠い ……57
maligaw [マリガウ] 道に迷う ……82
maligo [マリーゴッ] シャワーを浴びる ……60
malinis [マリーニス] 清潔な ……120
mall [モール] ショッピングモール …8
mamatay [ママタイ] 死ぬ ……132
mamili [マミリ] 買い物する ……131
ma-miss [マミス] いなくて寂しく思う ……104
manahi [マナヒッ] 縫う ……131

155

manigarilyo [マニガリーリョ] タバコを吸う …………………………86
maniwala [マニワーラッ] 信じる ……89
manligaw [マンリーガウ] 求愛する…132
manok [マノック] 鶏、鶏肉…………148
manood [マノオッド] 観る、鑑賞する 49
mangawit [マガーウィット] 同じ姿勢をしていてしびれる ……………38
manggamot [マンガモット] 治療する 131
manghiram [マンヒラム] 何度も借りる …………………………………133
mangisda [マギスダッ] 漁をする ……132
mangyari [マンヤーリ] 起こる……40, 78
mapagbigay [マパッグビガイ] 寛容な 120
mapagbiro [マパッグビロッ] 冗談好きの ………………………………52
mapagkamalan [マパッグカマラン] 間違える …………………………………75
mapagpatawa [マパッグパタワ] 人を笑わせるのが好きな …………120
mapaiyak [マパイヤック] 泣かせてしまう …………………………………100
mapansin [マパンスィン] 気づく ……61
mapulikat [マプリーカット] （足などが）つる ………………………………65
maputol [マプートル] 切れる …………73
marinig [マリニッグ] 〜が聞こえる…72
Marso [マールソ] 3月 ……………49
Martes [マルテス] 火曜日 ……………49
mas [マス] より〜だ ………………121
masakit [マサキット] 痛い ……………38
masaktan [マサックタン] 傷つけてしまう …………………………………71
masama [マサマッ] 悪い ……………120
masarap [マサラッ] おいしい、気持ちいい ……………………………43
masaya [マサヤ] 楽しい ……………66
masyado [マシャード] かなり ………117
masira [マスィーラッ] 壊れる ………132

mata [マタ] 目 ……………………149
matagal [マタガル] 長い間 ………81, 86
matakot [マターコット] 怖がる ………60
matamis [マタミス] 甘い ……………22
matandaan [マタンダアン] 覚えている …………………………………76
matanggal [マタンガル] 外れる ………61
matao [マターオ] 人が多い …………120
matawa [マタワ] 笑ってしまう ……74
matulog [マトゥーロッグ] 眠る………132
matuto [マトゥート] 学ぶ……………132
maubos [マウーボス] 消費してなくなる …………………………………92
mauna [マウーナ] 先に行く …………132
mawala [マワラッ] 無くなる…………45
may [メイ] 持っている、ある ……122
Maynila [マイニーラ] マニラ市 ……118
Mayo [マーヨ] 5月…………………49
mayumi [マユーミ] しとやかな ……66
medyas [メージャス] 靴下 …………143
medyo [メージョ] 少し ………………64
merienda [メリエンダ] おやつ ………16
meron [メーロン] 持っている、ある …………………………117, 122
mesa [メーサ] テーブル、机 ………116
mga [マガ] 〈複数のマーカー〉……66
mil [ミル] 千 …………………………140
Miyerkoles [ミエルコレス] 水曜日 ……49
mo [モ] あなたの ……………………111
mukha [ムッハッ] 〜みたい、顔 90, 149
mula [ムラッ] 〜から …………………102
muli [ムリッ] 再び ……………………23
multo [ムルト] 幽霊 …………………76
muna [ムーナ] とりあえず、まず …91
mundo [ムンド] 世界、世の中………54
mura [ムーラ] 安い …………………37

N

na [ナ] もうすでに ……………………113

na [ナ]〈リンカー〉……………115
na lang [ナ ラン]〜にでも ……46, 50
na naman [ナ ナマン] また…………58
nakakainis [ナカカイニス] いらいらさせる ………………………………120
nakakatakot [ナカカターコット] 怖い 120
nakakatawa [ナカカタワ] 笑いを誘う 74
naka-off [ナカオフ] 電源が切れている ………………………………70
nakasalamin [ナカサラミン] 眼鏡を掛けている ……………………………120
nakatira [ナカティラ] 住んでいる …120
nakaupo [ナカウポッ] 座っている …71
naman [ナマン] 一方〜、また〜、〜ではないか ……………………46, 114
namin [ナーミン] 私たちの
  ＊聞き手を含まない ……………112
nasa [ナサ]〜にいる、ある……62, 122
nasaan [ナサアン] どこにいる、ある 122
natin [ナーティン] 私たちの
  ＊聞き手を含む ………………111
ni [ニ]〈人名に付く所有形マーカー〉
  ＊複数形は nina [ニナ] ………112
nila [ニラ] 彼（女）らの …………112
ninyo [ニニョ] あなたたちの ………112
niya [ニャ] 彼（女）の ……………111
nobenta [ノベンタ] 90 ……………140
Nobyembre [ノビェンブレ] 11月 ……49
noong [ノオン]〜した時 …………127
nuwebe [ヌウェーベ] 9 ……………139

NG

ng [ナン]〈所有形マーカー〉………112
nga [ガ] 本当に ……………………115
nga pala [ガ パラ] ところで ………26
ngayon [ガヨン] 今、今日……………40
ngipin [ギービン] 歯 ………………45

O

o [オ] ほら ……………………………64
o [オ] あるいは ………………………42
o.a. [オウエイ] 過剰反応 ……………78
Oktubre [オクトゥーブレ] 10月 ………49
onse [オンセ] 11 …………………139
oo [オーオ] はい………………………15
oras [オーラス] 時、時間 …………140
otsenta [オチェンタ] 80……………140
otso [オーチョ] 8 …………………139

P

pa [パ] まだ、その上 …………113, 80
pa naman [パ ナマン]〜なのに ……79
pa rin [パ リン] 相変わらず ………96
paa [パア] 足……………………149
paalis [パアリス] 出かけるところ……40
paano [パアーノ] どのように ………84
paaralan [パアララン] 学校 …………119
pabayaan [パバヤーアン] 放っておく…55
paborito [パボリート] 好物……………30
pag [パッグ] もし〜だったら、〜する時 ………………………………45, 127
pag-alalahanin [パッグアララハーニン] 心配させる ……………………101
pag-asa [パッグアーサ] 希望 …………56
pag-awayan [パッグアワーヤン]〜のことでけんかする …………………75
paghintayin [パッグヒンタイェン] 待たせる ………………………………98
pag-isipan [パッグイスィーパン] よく考える ………………………………88
pagod [パーゴッド] 疲れ ……………99
pagod [パゴッド] 疲れた ……………48
pagpahingahin [パッグパヒガヒン] 休憩させる ………………………………101
pagpawisan [パッグパウィーサン] 大汗をかく ………………………………64
pagsabihan [パッグサビーハン] 言う …68

157

pag-usapan [パッグウサーパン] ～について話し合う …………74, 138
Pahingi. [パヒギッ] ちょうだい ……36
Pahiram. [パヒラム] 貸して …………36
pakonti-konti [パコンティコンティッ] 少しずつ …………………………41
pakwan [パックワン] スイカ ………147
pala [パラ] なんだ～だったのか …54
palaka [パラカッ] 蛙 ………………74
palalain [パラライン] 深刻にする …100
palayan [パラーヤン] 田んぼ ………148
paliguan [パリグーアン] シャワーを浴びさせる ……………………………60
paliparan [パリパーラン] 空港 ………119
pambata [パンバータッ] 子ども用の 121
panahon [パナホン] 時、天気 ………52
paniwalain [パニワラーイン] 信じさせる …………………………………100
pansinin [パンスィニン] 注意を払う …61
panyo [パニョッ] ハンカチ …………143
pangalan [パガーラン] 名前 …………16
pang-opisina [パンオピスィーナ] 事務所用の ………………………………121
papaano [パパアーノ] どのように …96
para [パーラ] ～するために、～のように思える ………………44, 52, 74
pasamahan [パサマーハン] 一緒について行かせる ………………………97
pasensya [パセンシャ] 忍耐 …………78
pasikut-sikot [パシークットシーコット] 曲がりくねった ……………………41
patay [パタイ] 死んでいる …………57
Patingin. [パティギン] 見せて ………36
patingnan [パティンナン] 診てもらう …97
paupuin [パウプイン] 座らせる ……100
pauwi [パウウィッ] 帰るところ、帰る途中 ………………………………40
pauwiin [パウウィイン] 帰らせる …101
pawisan [パウィーサン] 汗をかく ……64

payat [パヤット] やせている ………119
Pebrero [ペブレーロ] 2月 …………49
pera [ペーラ] お金 …………………118
pero [ペーロ] でも …………………42
pesos [ペーソス] ペソ（貨幣単位）
 ＊数字がタガログ語の時、piso [ピーソ] が使われる …………22, 116
Pilipinas [ピリピーナス] フィリピン …19
Pilipino [ピリピーノ] フィリピン人 …26
pinto [ピントッ] ドア ………………127
pinya [ピーニャ] パイナップル ……147
pirmahan [ピルマハン] 署名する ……134
pito [ピト] 7 ………………………139
plato [プラート] 皿 …………………144
po [ポッ] 〈尊敬小詞〉 ………………113
polo [ポーロ] 襟付き上着 …………143
presidente [プレスィデンテ] 大統領、社長 ……………………………………132
probinsya [プロビンシャ] 田舎 ………29
problema [プロブレーマ] 問題…………90
pula [プラ] 赤、赤い ………………116
pumasok [プマーソック] 入る、学校や会社に行く …………………44, 126
pumasyal [プマシャル] ぶらつく、散歩する ……………………………………48
pumunta [プムンタ] 行く ……………44
pusa [プーサッ] ネコ …………………52
puso [プーソッ] 心臓、心 …………149
puwede [プウェデ] ～できる、～してもよい ……………………20, 117
puwit [プウィット] 尻 ………………38

R

radyo [ラージョ] ラジオ ……………141
rambutan [ランブータン] ランブータン（果物の一種）……………………147
regalo [レガーロ] プレゼント ………124
restawran [レスタウラン] レストラン …8

S

sa [サ]〈方向・場所マーカー〉……112
sa totoo lang [サ トトオ ラン] 実際のところ ……………………………78
saan [サアン] どこ ………………41
Sabado [サーバド] 土曜日 ………49
sabihin [サビーヒン] 言う ………134
saging [サーギン] バナナ…………147
sais [サイス] 6 …………………138
sakit [サキット] 痛み、病気………39, 64
saktan [サックタン] 傷つける………71
sala [サーラ] 居間………………141
Salamat. [サラーマット] ありがとう…13
salamin [サラミン] 眼鏡、鏡、窓 …141
salita [サリタッ] 言葉………………66
samahan [サマーハン] 一緒について行く ……………………………84
samantalang [サマンターラン]〜している間 ……………………127
sampu [サンプッ] 10……………139
sana [サーナ] 〜だったらなあ ………82
sandali [サンダリッ] 一瞬 …………14
sapatos [サパートス] 靴……………143
sarili [サリーリ] 自身 ……………104
Sayang. [サーヤン] 残念だなあ ……79
seryoso [セリョーソ] 真面目な ………42
setenta [セテンタ] 70 ……………140
Setyembre [セティエンブレ] 9月 ……49
si [スィ]〈主語形マーカー〉
　＊複数の場合は sina [スィナ] ……109
sigarilyo [スィガリーリョ] タバコ ……37
sige [スィーゲ] どうぞ、さようなら …14
signal [スィグナル] 電波 ……………72
sigurado [スィグラード] 確かに………90
siguro [スィーグロ] 多分 ……………70
sila [スィラ] 彼（女）らは………109
simbahan [スィンバーハン] 教会 ……119
sine [スィーネ] 映画 ………………49
sino [スィーノ] 誰 …………………85

singko [スィンコ] 5 ………………138
singkuwenta [スィンクウェンタ] 50 …139
singsing [スィンスィン] 指輪…………61
sipain [スィパーイン] 蹴る ……………54
sisenta [スィセンタ] 60 ……………140
sitwasyon [スィトゥワション] 状況 …95
siya [シャ] 彼（女）は …………109
siyam [シャム] 9 …………………139
siyanga pala [シャガ パラ] ところで 27
siyento [シエント] 100 ……………140
siyete [シエーテ] 7 ………………139
sobra [ソーブラ] 過度の ……………99
sori [ソーリ] すみません ……………13
sugatan [スガタン] 傷だらけの ……119
sulatan [スラータン] 手紙を書く……135
sumagot [スマゴット] 答える ………72
sumakay [スマカイ] 乗る…………126
suntukan [スントゥーカン] 殴り合いのけんか ……………………………119
susi [スースィッ] 鍵 ………………142

T

tabi [タビ] そば、横 ……………123
tadhana [タッドハーナッ] 運命 ………52
Tagalog [タガーロッ] タガログ語…7, 35
tagaluto [タガルートッ] 料理人 ……119
tagarito [タガリート] ここの出身者 …119
taksi [タクスィー] タクシー……………8
takutin [タクーティン] 怖がらせる …60
talaga [タラガ] 本当に……………42, 54
tama [ターマッ] 正しい、その通り …82
tamang-tama [ターマンターマッ] ちょうどよい ……………………………30
tanggalin [タンガリン] 外す …………61
tao [ターオ] 人 ……………………54
tapos [タポス] 終わった ……………15
tara [タラ] 行こう …………………62
tatlo [タットロ] 3 ………………138
tawa [ターワ] 笑い …………………66

159

tawad [ターワッド] 値引き ……………21
tawagan [タワーガン] 電話する …45, 134
tayo [ターヨ] 私たちは
　＊聞き手を含む ………………109
teka [テーカ] 少し待って ……………14
telepono [テレポノ] 電話 ……………72
teleserye [テレセーリェ] 連続ドラマ…42
tinik [ティニック] とげ ………………53
tiyaga [チャガッ] 忍耐、我慢強さ …53
totoo [トトオ] 本当の ………………88
treat [トリート] おごり ………………33
treinta [トレインタ] 30 ………………139
tren [トレン] 電車 ……………………92
tres [トレス] 3 ………………………138
trese [トレーセ] 13……………………139
tubig [トゥービック] 水 ………………41
tuloy [トゥロイ] 結果として〜になる
　……………………………………39
tulungan [トゥルーガン] 助ける ……135
tumae [トゥマーエ] 大便する ………129
tumingin [トゥミギン] 見る …………36
tunay [トゥーナイ] 本当の……………52
tutal [トゥタル] どちらにしても ……50
TV [ティーヴィー] テレビ …………142

U

ubo [ウボ] 咳 …………………………65

ubos [ウボス] 消費して使い切った …79
ubuhin [ウブヒン] 咳が出る …………65
ulan [ウラン] 雨 ……………………81
uli [ウリッ] 再び……………………84
ulo [ウーロ] 頭 ……………………149
umalis [ウマリス] 出発する ……90, 125
umandar [ウマンダール] 作動する ……96
umiyak [ウミヤック] 泣く……………117
umupo [ウムポッ] 座る ………………71
umuwi [ウムウィッ] 家に帰る………126
uno [ウーノ] 1 ……………………138
upuan [ウプアン] 座席、椅子 ………54
uwak [ウワック] カラス ………………56

W

wala [ワラッ] 〜がない、もっていない
　………………………………117, 122
walo [ワロ] 8 ………………………139

Y

yata [ヤータッ] 〜みたい ……………46

Z

Zamboanga [サンボアンガ] サンボアン
　ガ (地名) ……………………………9
Zobel [ソベル] ソベル (人名) …………9